Hildegard von Bingen
Schönheitspflege

Hildegard von Bingen

Schönheits-pflege

MOEWIG

Hinweis:
Die Anleitungen in diesem Buch sind sorgfältig recherchiert und geprüft worden, dennoch kann eine Garantie nicht übernommen werden. Eine Haftung für Personen-, Sach- und Vermögensschäden ist ausgeschlossen, soweit gesetzlich zulässig.

www.moewig.de

Originalausgabe

Umschlagabbildung: DSP zeitgeist gmbh, Ettlingen

Printed in Germany

ISBN 978-3-86803-189-8

Inhalt

Hildegard von Bingen als Kosmetikerin?

DIESER Band trägt den Titel *Schönheitspflege* und erscheint im Rahmen einer Sammlung von Rezepten der heiligen Hildegard von Bingen. Da stellt sich sicherlich die Frage: Wie kann sich eine Äbtissin, eine Frau, die sich der Religion und der Wissenschaft verschrieben hat, mit einem so profanen Thema beschäftigt haben?

Natürlich sind viele Rezepte, die hier angegeben werden, lediglich Rezepte zur Pflege bei Hauterkrankungen – aber mitunter gibt es bei Hildegard von Bingen auch Zitate, in denen es heißt, daß man durch die eine oder andere Anwendung eine schöne Haut oder glänzende Augen bekäme.

Hildegard von Bingen hat – obwohl sie Nonne war und das Keuschheitsgelübde abgelegt hatte – nie vergessen, wie wichtig es ist, auch seinen Körper zu pflegen. Zum einen natürlich, um diesen gesund zu erhalten – zum anderen aber auch, um – vor allem als Frau – schön und reizvoll zu sein. Es gibt meines Wissens nicht eine einzige Äußerung von ihr, in der sie das natürliche Schönheitsbedürfnis vor allem der Frau ablehnt. Im Gegenteil – sie gibt sogar zahlreiche Rezepte an, die für die Schönheitspflege wichtig sind.

Natürlich kann man von einer Klosterfrau nicht erwarten, daß sie auf allen Gebieten der Kosmetik bewandert ist. Aber die Mittel, die zu Hildegards Zeit zur Verfügung standen, finden sich bis heute in unseren Gärten, auf der Wiese, im Wald und in der Küche. Hildegards Rezepte sind in diesem Werk nach bestem Wissen und Gewissen ergänzt worden – nicht zuletzt unter Zuhilfenahme antiker und mittelalterlicher Rezepturen.

Was brauchen Sie für Ihre eigene „Kosmetikküche“?

Das „Handwerkszeug“

Zur Herstellung eigener Schönheits- und Pflegemittel benötigen Sie keine aufwendigen Geräte. Die meisten davon werden in Ihrem Haushalt vorhanden sein. Wichtig ist, daß Sie alle Geräte und Gefäße, die Sie in Ihrer Kosmetikküche verwenden, peinlich sauberhalten. Am besten kochen Sie sie in Wasser aus. In der natürlichen Kosmetik werden ja keine Konservierungsstoffe (die gleichzeitig keimtötend wirken) verwendet. Und frische Grundstoffe wie Eier, Butter und Obst werden deshalb schnell von Bakterien angegriffen, die unsauberen Geräten anhaften.

Am besten reservieren Sie einen Topf und einige Schüsselchen zur ausschließlichen Verwendung in Ihrer Kosmetikküche.
Töpfe, in denen Sie Kräuteraufkochungen herstellen, sollten emailliert sein. Viele Kräuter und Früchte gehen nämlich mit Metall eine chemische Verbindung ein, die ihre Wirkung beeinträchtigt.
Aus diesem Grund brauchen Sie zum Umrühren auch einen Holzlöffel.
Häufig werden Sie in einem Rezept den Hinweis finden „im Wasserbad erwärmen“. Dazu brauchen Sie einen hohen Plastiktopf (Mixbecher), in den Sie die zu erwärmenden Zutaten (z. B. Honig) geben. Dieser wiederum wird in einen Kochtopf mit Wasser gestellt und erhitzt. Die Zutaten werden also nicht direkt durch die Ofenhitze erwärmt, sondern indirekt durch die Hitze, die das Wasser beim Kochen entwickelt.
Zum Zerkleinern von Nüssen und verschiedenen Kräuterwurzeln ist eine elektrische Kaffeemühle sehr gut geeignet. Diese

muß allerdings nach jeder Verwendung mit einem Pinsel oder mit einem Tuch sehr gründlich gereinigt werden, besonders wenn die Wurzeln einen starken Duft entfalten. (Kaffee zieht nämlich Gerüche sehr leicht an und ist dann nicht mehr unbedingt als Getränk geeignet.) Inzwischen gibt es für viele Küchenmaschinen Mahlwerkaufsätze, denen – falls vorhanden – zu diesem Zweck der Vorzug gegeben werden sollte.

Zum Auspressen frischer Obst-, Gemüse- und Kräutersäfte benötigen Sie eine Küchenmaschine oder einen Entsafter. Ohne diese technischen Hilfsmittel ist es ziemlich umständlich, z. B. Apfel- oder Petersiliensaft selbst herzustellen. Andererseits sind die meisten Kräuter-, Obst- und Gemüsesäfte auch im Reformhaus oder im Naturkostladen erhältlich.

Obst und Gemüse können auf der Küchenreibe gerieben und dann durch ein sauberes Leinentuch (etwa ein Geschirrhandtuch) ausgepreßt werden.

Sehr wichtig in Ihrer Kosmetikküche ist ein Trichter. Damit lassen sich Gesichtswasser, Lotionen, Badeöle usw. schnell und einfach in Flaschen abfüllen.

Zum Abmessen der für die verschiedenen Rezepturen benötigten Flüssigkeitsmengen können Sie einen Küchenmeßbecher verwenden. Gut geeignet sind Babytrinkflaschen, die ebenfalls verwendet werden können, um Flüssigkeiten im Wasserbad zu erhitzen.

Zum Abseihen von Kräuteraufgüssen, Kräuteressig usw. benötigen Sie ein Haarsieb, in dem der Großteil der Pflanzenrückstände liegenbleibt. Für Fuß- und Handbäder usw. ist dies vollkommen ausreichend.

Für Gesichtswasser, Haarspülungen, Badeöle und Körperlotionen usw. muß die Flüssigkeit allerdings reiner und klarer sein. Zum Abfiltern eignet sich besonders gut Kaffeefilterpapier. Körper- und Badeöle, die mit Kräutern angesetzt werden, laufen allerdings nur sehr langsam durch solche Papiere, die mitunter auch zerreißen, wenn die Kräuterrückstände ausgepreßt werden. Wenn Sie noch alte Mullwindeln besitzen, verwenden

Sie diese zum Abfiltern und Auspressen. Auch große, nicht zu feine Herrentaschentücher sind dafür geeignet.

Zerrissene Perlonstrümpfe oder Strumpfhosen mit Laufmaschen sollten Sie nicht gleich wegwerfen. Sie lassen sich noch gut als „Badesäckchen“ für duftende Kräuterbäder verwenden. Waschen Sie die Strümpfe gut durch, und schneiden Sie für ihren Gebrauch die Fußteile ab. Diese werden mit Kräutern gefüllt und in die Wanne gelegt. Darüber lassen Sie das Badewasser einlaufen und pressen dann das Badesäckchen gut aus.

Das Abfüllen und Aufbewahren selbsthergestellter Schönheitsmittel ist kein Problem, wenn Sie rechtzeitig damit beginnen, Tiegel und Flaschen zu sammeln. Leere Cremetöpfe, Flaschen von Gesichtswasser, Parfüm und Badeöl – alle diese Behältnisse eignen sich zur Aufbewahrung Ihrer selbst hergestellten Schönheitsmittel. Kochen Sie die Behälter am besten aus, damit keine Fett- oder Duftrückstände haftenbleiben. Vergessen Sie hinterher das ausgiebige Austrocknen nicht!

Viele Öle und andere Schönheitsmittel verändern ihre Beschaffenheit und verlieren an Wirksamkeit, wenn sie dem Licht ausgesetzt werden. Solche Präparate sollten deshalb in dunkle Flaschen – die sogenannten Apothekerflaschen – abgefüllt werden. Wenn Sie öfter eigene Kosmetika herstellen, werden Sie bald einen Vorrat solcher Flaschen haben, denn Apotheken geben Alkohol, Öle und Essenzen ohnehin nur in solchen Behältnissen ab. Sonst fragen Sie Ihren Apotheker, ob er Ihnen einige braune Flaschen verkaufen kann.

Für das Ansetzen von Kräuterölen und Kräuteressig sind Einmachgläser sehr gut geeignet. Mit Haushalts- oder Aluminiumfolie können diese luftdicht verschlossen werden.

Selbst gesammelte und getrocknete oder gekaufte Kräuter können entweder in Blechdosen oder in Gläsern aufbewahrt werden. Die Kräuterbehälter sollten mit Aufklebern versehen werden, die den Inhalt bezeichnen und auch das Datum angeben – die meisten Kräuter verlieren ihre Wirksamkeit, wenn sie länger als ein Jahr gelagert werden.

Für die Anwendung Ihrer selbst hergestellten Kosmetika

- Für Kompressen eignen sich besonders gut die kleinen Gästehandtücher – sie haben das ideale Format für diesen Zweck. Aber auch große Waschlappen können verwendet werden. Außerdem sind Mullwindeln und große Herrentaschentücher geeignet. Diese müssen allerdings häufiger befeuchtet werden, da sie schneller trocknen als Frotteestoffe.
- Für Augenkompressen eignen sich Wattebäusche und mehrfach zusammengelegte Batisttaschentücher.
- Alle Gesichtsmasken können mit der Hand aufgetragen werden. Für Masken von flüssigerer Konsistenz empfiehlt sich allerdings die Verwendung eines Pinsels. Kosmetikpinsel erhalten Sie in Drogerien und Kosmetik-Fachgeschäften. Sie können aber ohne weiteres auch einen Backpinsel oder einen flachen, weichen Malerpinsel verwenden. Diese Pinsel sollten aber unbedingt kosmetischen Zwecken vorbehalten bleiben. Nach jeder Verwendung den Pinsel sorgfältig mit viel heißem Wasser auswaschen und gut an der Luft trocknen lassen.
- Ein wichtiges Requisit ist eine Duschhaube aus Plastik. Diese schützt Ihr Haar nicht nur in der Badewanne oder unter der Dusche vor Feuchtigkeit, sondern kann zusätzlich als Haarschutz verwendet werden, wenn Sie eine Gesichtsmaske auflegen.

Eine Duschhaube sollte auch aufgesetzt werden, wenn Sie eine Haarpackung anwenden. So wird die Wärme (die ja die Wirksamkeit der Packung erhöht) länger erhalten, und es wird außerdem verhindert, daß Ihnen Eigelb, Öl oder sonst ein Bestandteil der Haarpackung über Gesicht und Kleidung tropft. Am sichersten ist es, wenn Sie nach dem Auftragen der Haarpackung Papiertücher unter die Ränder der Duschhaube schieben und diese so „abdichten“.

Schönheitspflege aus dem Blumengarten

BLUMEN galten und gelten als Sinnbilder von Schönheit und Anmut. Es ist deshalb nicht weiter erstaunlich, daß man schon von alters her versuchte, sie für die Schönheitspflege zu nutzen. Die meisten Gartenblumen finden wir in Parfüms wieder: Maiglöckchen, Narzissen, Nelken, Rosen, Jasmin, Flieder und andere. Aus einigen Blumen lassen sich außerdem auch ohne viel Aufwand sehr wirksame Mittel zur Schönheitspflege herstellen.

Buchsbaum

Der Buchsbaum ist keine Blume, sondern ein Strauch, der auch heute noch in vielen Gärten die Beete einfaßt – genauso wie es in alten Kloster- und Bauerngärten der Fall war.

Hildegards Rezepte:
Hildegard von Bingen schreibt über den Buchsbaum, daß er seiner Natur nach warm sei und so stark, daß er das ganze Jahr über sein Grün behalte. Sie empfiehlt ihn in ihrer *Physica* vor allem zur Pflege von unreiner Körperhaut:

Buchsbaumsaft

> „Ein Mensch, der Ausschläge ... an seinem Körper hat, zerstoße die Rinde und die Blätter und drücke ihren Saft aus. ... Er mische dem Saft etwas Olivenöl bei, tauche eine Feder ein und salbe sich damit sanft um den Ausschlag und um seine Kruste. Dies tue er oft, und er wird geheilt werden."

Buchsbaum-Haartönung

Zutaten:

1 Handvoll Buchsbaumholz

1/2 l Wasser

Zubereitung und Anwendung:

Zerkleinern Sie das Buchsbaumholz und lassen es in dem Wasser 1/2 Stunde lang leicht köcheln.

Dann durch ein Haarsieb abseihen und als letzte Spülung nach dem Haarewaschen verwenden.

Blondes Haar erhält dadurch einen hübschen rötlichen Schimmer. Gleichzeitig wirkt die Spülung auch gegen Schuppen und Haarausfall.

Eibisch

Der Eibisch gehört zu den Malvengewächsen. Für kosmetische Zwecke ist vor allem die Wurzel interessant, die wertvolle Schleimstoffe enthält, welche sehr pflegend wirken.

Hildegards Rezept:

Hildegard von Bingen schreibt in ihrer *Physica* über den Eibisch, daß er seiner Natur nach warm und trocken sei. Sie empfiehlt ihn gegen Fieber und – als Salbe – gegen Kopfschmerzen. Entsprechende Rezepte finden Sie in der *Gesundheitsfibel.*

Eibisch-Gesichtsmaske

Zutaten:

2 EL Eibischwurzeln (in der Apotheke erhältlich)

1 EL Honig,

3 EL heißes Wasser

Zubereitung und Anwendung:

Zerkleinern Sie die Eibischwurzeln (z. B. in der Kaffeemühle).

Lösen Sie den Honig im heißen Wasser auf, und rühren Sie das Eibischpulver darunter.

Tragen Sie diese Maske auf das gereinigte Gesicht auf.
1/2 Stunde einwirken lassen, dann mit viel warmem Wasser abwaschen und kalt nachspülen.
Diese Maske ist besonders zur Behandlung unreiner Haut geeignet.

Lilie

Die Lilie wird auch Iris genannt. Unter dieser Bezeichnung erhalten Sie sie in der Apotheke. Die getrockneten Lilienwurzeln haben einen sehr angenehmen, veilchenartigen Duft. Auch die Blüten der weißen Lilie werden seit alters her für die Schönheitspflege verwendet.
Hildegards Rezepte:
Hildegard von Bingen schreibt in ihrer *Physica*, daß die Lilie von Natur aus eher kalt als warm sei. Vor allem die Wurzeln sind ihrer Meinung nach besonders gut zur Hautpflege geeignet. Sie empfiehlt sie sogar zur Behandlung der Lepra!
Aber auch bei Ausschlägen und jeder Art von Hautunreinheiten rät sie zur Verwendung der Lilie.

Liliensalbe

> „Man nehme den Stengel und die Blätter von Lilien und zerstoße sie und drücke ihren Saft aus und knete diesen Saft gleichzeitig mit Fett.“ (*Physica*)

Mit dieser Salbe sollen die betroffenen Stellen regelmäßig eingerieben werden.

Lilienwurzel-Gesichtswasser

Zutaten:
3 EL zerkleinerte Lilienwurzeln (nicht pulverisiert!)
1/2 l Wasser
1 EL Honig
Zubereitung und Anwendung:
Das Wasser aufkochen lassen, dann die Lilienwurzeln dazugeben und zugedeckt 1 Stunde lang leicht köcheln lassen.

Dann in eine Porzellanschüssel abfüllen und zugedeckt über Nacht stehenlassen.
Am nächsten Tag durch ein Haarsieb streichen und nochmals leicht erwärmen. In der erwärmten Flüssigkeit 1 Eßlöffel Honig auflösen. Das Gesichtswasser in eine Flasche abfüllen.
Dieses Gesichtswasser ist für jede Haut geeignet, besonders aber für trockene und älter werdende Haut.

Malve

Wegen ihrer pflegenden Eigenschaften wird die Malve (auch „Käsepappel" genannt) gerne für kosmetische Zwecke verwendet.
Hildegards Rezept:
Hildegard von Bingen schreibt über die Malve:

> „Sie hat eine mäßige Kälte in sich wie der Tau, und wie die Luft ist sie am Morgen gemäßigt." (*Physica*)

Malven-Augenkompresse

> „Suche auf der Malve nach Tau ... Und den Tau, den man in der Nacht oder bei Morgengrauen gefunden hat, wenn die Nacht klar und rein und angenehm ist, den streiche um die Lider ... und nachher schlafe ein wenig." (*Physica*)

Genau wie Rosen- kann man auch Malvenblätter, die vom Morgentau benetzt sind, auf die Augen legen. Diese können lindernd auf Schwellungen und Rötungen wirken. Interessant ist Hildegards Aufforderung, bei dieser Behandlung ein wenig zu schlafen: Die Entspannung bei der Anwendung von Augenkompressen ist fast genauso wichtig wie das angewendete Mittel selbst.

Malven-Gesichtskompresse

Zutaten:
1 Malventeebeutel
1 Tasse kochendes Wasser

1 EL Honig

Zubereitung und Anwendung:

Den Malventee aufgießen, 5 Minuten ziehen lassen, den Honig darunterrühren.

In diese Flüssigkeit ein Gästehandtuch tauchen, auswringen und auf das gereinigte Gesicht legen.

Etwa 10 Minuten einwirken lassen.

Diese Kompresse wirkt vor allem gegen große Poren.

Ringelblume

Ringelblumen sind durch ihren Gehalt an Schleim- und Eiweißstoffen, Apfelsäure und ätherischen Ölen für die Schönheitspflege wertvoll. Ringelblumen wachsen in den meisten Blumengärten, wo sie sehr üppig gedeihen. Die getrockneten Blüten können allerdings auch in der Apotheke gekauft werden. Dort erhalten Sie ebenfalls Ringelblumentinktur.

Hildegards Rezepte:

Hildegard von Bingen schreibt in ihrer *Physica*, daß die Ringelblume ihrer Natur nach kalt und feucht sei und eine starke Grünkraft enthalte. Sie empfiehlt sie gegen Ausschläge und unreine Haut, vor allem, wenn diese Probleme an der Kopfhaut auftreten.

Ringelblumensalbe für die Kopfhaut

„Schneide das ab, was weich am Speck ist, und schneide auch die Schwarte des Specks ab. Nimm das Harte vom Speck und zerstoße dies mit der Ringelblume im Mörser. Damit salbe oft den Kopf, und die Kopfhaut wird wieder schön werden." (*Physica*)

Dieses Rezept wirkt vor allem auch gegen trockene Schuppen.

Ringelblumen-Haarwäsche

Als zusätzliche Behandlung empfiehlt Hildegard von Bingen eine Massage mit Ringelblumensaft. Sie können dafür aber auch verdünnte Ringelblumentinktur verwenden. Oder gießen Sie einen kräftigen Ringelblumentee auf:

> „Habe eine Lauge aus Ringelblumensaft bereit und wasche oft deinen Kopf damit, und er wird geheilt werden." (*Physica*)

Weitere Rezepte:

Ringelblumen-Gesichtskompresse
Zutaten:
2 EL getrocknete Ringelblumenblüten
1/4 l Wasser
Zubereitung und Anwendung:
Übergießen Sie die Ringelblumenblüten mit kochendem Wasser.
Nach dem Abkühlen durch Kaffeefilterpapier abseihen.
In die Flüssigkeit ein Gästehandtuch tauchen, auswringen und auf das gereinigte Gesicht legen.
Diese Kompresse wirkt vor allem gegen unreine Haut.

Ringelblumen-Gesichtswasser
Zutaten:
30 ml Ringelblumentinktur
100 ml Rosenwasser (beides in der Apotheke erhältlich)
Zubereitung und Anwendung:
Geben Sie beide Flüssigkeiten in eine dunkle Flasche.
Gut durchschütteln und kühl aufbewahren.
Das Gesichtswasser ist vor allem zur Reinigung und Erfrischung von großporiger und schlecht durchbluteter Haut geeignet.

Rose

Die Rose ist wohl schon immer die wichtigste „Schönheitspflanze" gewesen. Wer einen eigenen Garten besitzt, sollte sich den Luxus leisten, eines der kostbarsten Schönheitsmittel zu verwenden: die Blütenblätter der Rose. Die Blüten enthalten neben Fett, Gerbstoffen, Apfel- und Zitronensäure auch pflegende ätherische Öle. Wenn Sie keine eigenen Rosen besitzen (deren Blütenblätter für die Verwendung in Schönheitsmitteln übrigens nicht chemisch gespritzt sein dürfen!), können Sie auch getrocknete Rosenblätter aus der Apotheke verwenden.

Hildegards Rezepte:
Hildegard von Bingen schreibt, daß die Rose ihrer Natur nach kalt sei und daß diese Kälte eine nützliche Mischung in sich habe. Diese kühlende Wirkung lasse sich auch für die Schönheitspflege nutzen. Sie empfiehlt:

> „Die Rose ist auch gut zu ... Salben und zu allen Heilmitteln, wenn sie ihnen beigefügt wird. Sie sind um so besser, wenn ihnen etwas von der Rose beigefügt wird, auch wenn es nur wenig ist – wegen ihrer bereits erwähnten guten Kräfte.“ (*Physica*)

Rosenblätter-Augenkompresse

Sie empfiehlt die folgende Augenkompresse:

> „Am frühen Morgen oder wenn der Tag schon angebrochen ist, nimm ein Rosenblatt und lege es auf deine Augen. Es zieht den Saft heraus und macht sie klar.“ (*Causae et Curae*)

Dieses Rezept ist besonders gut geeignet für verquollene und gerötete Augen und soll – nach Hildegards Angaben – die Augen auch schön glänzend machen.

Rosenblätter-Gesichtskompresse

Außerdem rät sie zu der folgenden Gesichtskompresse:

> „Wer leichte Geschwüre an seinem Körper hat, lege Rosenblätter darauf, denn diese ziehen den Schleim heraus.“ (*Causae et Curae*)

Am wirksamsten ist es, die Rosenblätter mit einer feuchtwarmen Kompresse abzudecken, die die Blätter gleichzeitig fixiert. Gegen Akne, Pickel und Mitesser wirkt dieses Rezept besonders heilsam.

Weitere Rezepte:

Rosenblüten-Badezusatz

Zutaten:

1 gute Handvoll (möglichst duftender) Rosenblütenblätter
1 alter Perlonstrumpf

Zubereitung und Anwendung:

Geben Sie die Rosenblütenblätter in den Strumpf, und legen Sie diesen unter das einlaufende Badewasser. Dann gut auspressen.

Dieses Bad ist für jeden Hauttyp geeignet.

Rosenblüten-Gesichtsdampfbad

Zutaten:

1 Handvoll Rosenblütenblätter
1 1/2 l kochendes Wasser

Zubereitung und Anwendung:

Lassen Sie die Rosenblütenblätter im heißen Wasser 10 Minuten ziehen, und erwärmen Sie die Flüssigkeit dann noch einmal, ohne sie kochen zu lassen.

Dann ein Handtuch über Kopf und Schüssel legen und die pflegenden Dämpfe auf die Gesichtshaut einwirken lassen.

Dieses Dampfbad wirkt glättend und entspannend für jede Haut.

Rosenblüten-Gesichtskompresse

Zutaten:

1 Handvoll Rosenblütenblätter
1/2 l kochendes Wasser

Zubereitung und Anwendung:

Übergießen Sie die Rosenblütenblätter mit dem kochendem Wasser.

10 Minuten ziehen lassen, dann abseihen.

Ein Handtuch in die Flüssigkeit eintauchen, auswringen und auf das gereinigte Gesicht legen.

10 Minuten einwirken lassen.

Diese Kompresse ist für jeden Hauttyp geeignet.

Rosenblüten-Gesichtswasser 1

Zutaten:
3 Handvoll Rosenblütenblätter
etwa 1/4 l destilliertes Wasser (in der Apotheke erhältlich)

Zubereitung:
Die Rosenblütenblätter mit dem destillierten Wasser übergießen, bis sie bedeckt sind.
Dann auf kleiner Flamme erhitzen (nicht kochen lassen), 10 Minuten ziehen lassen.
Danach durch Kaffeefilterpapier abgießen und die Blüten dabei gut auspressen. Das Gesichtswasser in eine Flasche abfüllen.
Dicses Rosenblütengesichtswasser ist vor allem für die ältere, schon etwas erschlaffte Haut gut geeignet.

Rosenblüten-Gesichtswasser 2

Zutaten:
1/4 l Weißwein
1 Handvoll Rosenblütenblätter

Zubereitung und Anwendung:
Den Weißwein leicht erwärmen und die Rosenblütenblätter dazugeben.
15 Minuten auf kleiner Flamme ziehen lassen (nicht kochen!).
Die Mischung in eine Porzellanschale geben und über Nacht zugedeckt ziehen lassen.
Am nächsten Tag durch Kaffeefilterpapier abgießen und die Pflanzenrückstände gut auspressen.
Das Gesichtswasser in eine Flasche abfüllen.
Dieses Gesichtswasser ist für jeden Hauttyp geeignet.

Rosenblüten-Körperöl

Zutaten:

2 Handvoll Rosenblüten

etwa 1/4 l süßes Mandelöl (in der Apotheke erhältlich)

Zubereitung und Anwendung:

Legen Sie die Rosenblüten in ein Weckglas und übergießen Sie sie mit dem Mandelöl, bis sie gut bedeckt sind.

Das Ganze luftdicht verschlossen 4 Wochen lang an einem sonnigen oder warmen Platz stehenlassen.

Dann durch ein Tuch oder durch Kaffeefilterpapier abgießen und die Pflanzenrückstände gut auspressen.

Das Öl in eine dunkle Flasche abfüllen.

Dieses Körperöl wirkt besonders pflegend bei trockener, schuppiger Körperhaut.

Rosenblüten-Haarspülung

Zutaten:

1 Handvoll Rosenblütenblätter

1/2 l Wasser

Zubereitung und Anwendung:

Übergießen Sie die Rosenblütenblätter mit dem kochenden Wasser.

Nach dem Abkühlen durch ein Sieb gießen und als Haarspülung nach dem Haarewaschen verwenden.

Diese Haarspülung ist besonders geeignet für trockenes sprödes Haar.

Wichtig: Für blondes Haar nur weiße Rosenblüten verwenden!

Rosenblüten-Haaressig

Zutaten:

3 Handvoll Rosenblütenblätter

1/4 l Obstessig

Zubereitung und Anwendung:

Übergießen Sie die Rosenblüten mit dem Obstessig, so daß sie bedeckt sind.

3 Tage zugedeckt stehenlassen, dann durch Kaffeefilterpapier abseihen und die Pflanzenrückstände gut ausdrücken.

Den Haaressig in eine Flasche abfüllen und alle 2 Tage Haare und Kopfhaut damit massieren.
Dieser Haaressig wirkt vor allem pflegend für trockenes und sprödes Haar.
Wichtig: Dieser Haaressig ist *nicht* für blondes Haar geeignet.

Rosenblüten-Gesichtswasser
Rosenwasser kann als mildes Gesichtswasser für jeden Hauttyp verwendet werden.
Rosenwasser besteht aus einer Mischung von jeweils 4 Tropfen des kostbaren Rosenöls auf 1 l destilliertes Wasser. Rosenwasser ist in der Apotheke erhältlich. Es wirkt anregend und leicht adstringierend, d. h., die Haut zieht sich zusammen.
Besonders geeignet aber ist es für schlaffe und welke Haut.

Veilchen

Das Veilchen ist in der Kosmetik vor allem durch seine Verwendung in Parfüms bekannt. Aber auch in Pflegemitteln kann es gebraucht werden.

Hildegards Rezepte:
Hildegard von Bingen schreibt über das Veilchen:

> „Das Veilchen befindet sich seiner Natur nach zwischen warm und kalt, ist aber vorwiegend von gemäßigter Wärme, und es wächst von der Lieblichkeit und Milde der Luft.“ (*Physica*)

Diese Lieblichkeit und Milde gibt es an den Menschen weiter, wenn er es richtig einzusetzen versteht.

Veilchen-Augensalbe

> „Bringe Olivenöl ... zum Kochen. Während es kocht, gib Veilchen hinein, damit das Öl davon eingedickt wird. Fülle dies in ein gläsernes Gefäß und bewahre es auf. Abends salbe damit die Haut um die Augen und die Lider.“ (*Physica*)

Schönheitspflege aus dem Gemüsegarten

DIE MEISTEN Gemüse sind – als Lebensmittel verwendet – gleichzeitig Schönheitsmittel, die von innen her pflegen. Dazu erfahren Sie Näheres im Kapitel „Schönheit kann man essen". Allerdings gibt es seit Jahrtausenden Rezepte, wie man diese Gemüse auch als äußerliche Kosmetika einsetzt.

Bohnen

Bohnen sind reich an Eiweiß und Vitaminen. Beides wirkt sich auch bei äußerer Anwendung positiv auf die Hautbeschaffenheit aus.

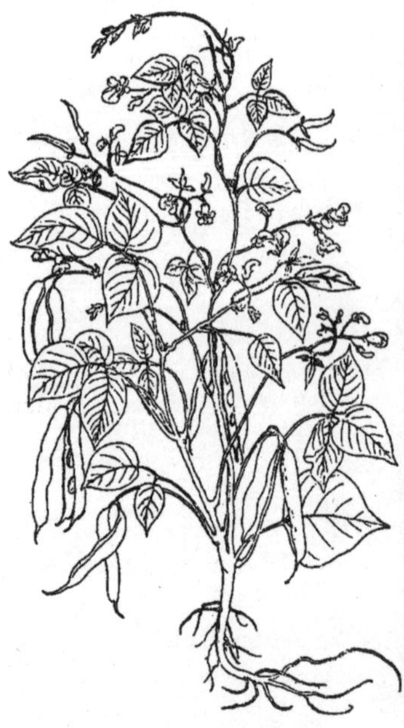

Hildegard von Bingen beschreibt die Bohne in ihrer *Physica* als ihrer Natur nach warm. Sie empfiehlt sie vor allem bei Magenbeschwerden und Geschwüren zur inneren Anwendung. Entsprechende Rezepte finden Sie in der *Gesundheitsfibel*.

Bohnen-Gesichtspackung
Zutaten:
1 Tasse weiße Bohnen
1 EL Olivenöl
Saft 1/4 Zitrone
1 EL Honig
Zubereitung und Anwendung:

Die Bohnen kochen und durch ein Sieb drücken. Diesem Brei das Öl, den Zitronensaft und den Honig beifügen.
Die Masse noch warm auf das gereinigte Gesicht auftragen, eine Viertelstunde lang einwirken lassen.
Dann sehr warm abwaschen und kalt nachspülen.
Die belebende Wirkung dieser Packung wird unterstützt durch Waschungen mit dem Wasser, in dem die Bohnen gekocht wurden.
Diese Gesichtspackung ist ein schonendes Straffungsmittel für müde, älter werdende Haut. Das Rezept war übrigens bereits im alten Rom bekannt.

Fenchel

Nicht nur als Gewürz- und Teepflanze ist Fenchel wertvoll, er ist auch ein wahres „Schönheitskraut", denn er enthält neben ätherischen Ölen auch fette Öle und wertvolle pflanzliche Eiweiße.

Hildegards Rezepte:
Für Hildegard von Bingen ist der Fenchel neben Dinkel und Kastanie das empfehlenswerteste Lebensmittel überhaupt. In ihrer *Physica* empfiehlt sie ihn gegen Magenbeschwerden und sogar gegen Depressionen. Entsprechende Rezepte finden Sie im Band *Gesundheitsfibel.*
Für einen angenehmen Atem gibt sie das folgende Rezept an:

> „Wer Fenchel oder seinen Samen täglich nüchtern ißt, der ... unterdrückt den üblen Geruch seines Atems." (*Physica*)

Weitere Rezepte:

Fenchel-Gesichtsdampfbad

Zutaten:
2 Fenchelteebeutel
kochendes Wasser

Zubereitung und Anwendung:
Den Fencheltee in einer großen Porzellanschüssel mit dem kochenden Wasser übergießen.
Über Kopf und Schüssel ein großes Handtuch legen.
Dieses Dampfbad hat wegen des hohen Ölgehalts des Fenchels eine glättende und schonende Wirkung vor allem bei trockener Haut.

Fenchel-Gesichtskompresse
Zutaten:
1 Fenchelteebeutel
1 Tasse kochendes Wasser
1 TL Honig
Zubereitung und Anwendung:
Den Fencheltee einige Minuten ziehen lassen, dann den Honig einrühren.
In die Flüssigkeit ein Mulltuch tauchen, auswringen und auf das gereinigte Gesicht legen.
Eine Viertelstunde einwirken lassen.
Diese Kompresse wirkt glättend bei Gesichtsfalten.

Gurke

Gurken beleben und erfrischen jede Haut. Deshalb sollten Sie Gurkenschalen nie fortwerfen, ohne vorher ausgiebig das Gesicht damit zu massieren. Gurken enthalten Schwefel, Vitamin A und C, Schleimstoffe und Enzyme. Sie wirken glättend und straffend auf die Haut.

Hildegards Rezepte:
Hildegard von Bingen handelt die Gurke sehr kurz ab, denn sie kann sie für die Ernährung des Menschen nicht sehr empfehlen:

> „Die Gurken sind ihrer Natur nach feucht und kalt und wachsen von der Feuchtigkeit der Erde. Sie bringen die Bit-

terkeit der Säfte in den Menschen in Bewegung. Für Kranke taugen sie nicht zum Essen." (*Physica*)

Gesunde Menschen dürfen sie allerdings durchaus zu sich nehmen und sogar zur Schönheitspflege von innen einsetzen. Näheres dazu finden Sie im Kapitel „Schönheit kann man essen".

Weitere Rezepte:

Gurken-Handpflege

Zutaten:

Gurkensaft

Anwendung:

Massieren Sie Ihre Hände hin und wieder mit Gurkensaft. Dadurch werden rote, aufgesprungene Hände wieder zart und weich.

Gurken-Halspackung

Zutaten:

frische Gurkenschalen

Zubereitung und Anwendung:

Legen Sie frische Gurkenschalen auf den Hals und umwickeln Sie diesen fest mit einem Tuch.

1 bis 2 Stunden einwirken lassen.

Diese Packung wirkt gegen Halsfalten.

Gurken-Gesichtswasser

Zutaten:

Gurkenwasser

Frisch gepreßter, durch Kaffeefilterpapier abgefilterter Gurkensaft ist ein ideales Gesichtswasser.

Im Kühlschrank können Sie ihn 2 bis 3 Tage lang aufbewahren.

Dieses Gesichtswasser ist für jeden Hauttyp geeignet.

Gurken-Gesichtspackung 1

Zutaten:

Gurkenscheiben

Zubereitung und Anwendung:
Verteilen Sie Gurkenscheiben auf das gereinigte Gesicht, und legen Sie eine feuchtwarme Kompresse darüber.
1/4 Stunde einwirken lassen.

Gurken-Gesichtspackung 2

Zutaten:
1/2 Salatgurke
1 Spritzer Zitronensaft
1 EL Eiweiß

Zubereitung und Anwendung:
Die Gurke waschen und im Mixer oder auf einer Reibe zerkleinern.
Den Brei mit Zitronensaft und Eiweiß verrühren.
Die Mischung auf das gereinigte Gesicht auftragen, eine Viertelstunde einwirken lassen.
Lauwarm abwaschen und kalt nachspülen.

Gurken-Gesichtspackung 3

Zutaten:
1/2 Gurke

Zubereitung und Anwendung:
Die Gurke pürieren.
Zwischen zwei Mulltüchern auf das gereinigte Gesicht legen und 1/2 Stunde einwirken lassen.
Die Packungen 1 bis 3 sind besonders geeignet zur Pflege von fettiger, unreiner und großporiger Haut.

Gurken-Gesichtsmaske

Zutaten:
2 EL Gurkensaft
1/2 Becher naturreiner Joghurt
etwas Weizenstärke

Zubereitung und Anwendung:
Verrühren Sie Gurkensaft und Joghurt mit so viel Weizenstärke, daß ein weicher Brei entsteht.
Tragen Sie diesen dick auf das gereinigte Gesicht auf.

Wenn die Maske angetrocknet ist, mit viel lauwarmem Wasser abwaschen.
Diese Maske belebt vor allem die müde, älter werdende Haut.

Gurken-Gesichtswasser 1

Zutaten:
Gurkensaft- und kerne
50prozentiger Alkohol (in der Apotheke erhältlich)
Zubereitung und Anwendung:
Gurkensaft und -kerne fallen z. B. beim Einlegen von Senfgurken reichlich an.
Füllen Sie eine Flasche zu einem Drittel damit, und gießen Sie den Rest mit Alkohol auf.
Luftdicht verschlossen drei Wochen lang an einem warmen Ort stehenlassen.
Dann durch ein Tuch abseihen und in kleine Flaschen abfüllen.

Gurken-Gesichtswasser 2

Zutaten:
2 EL Gurkensaft
2 EL Hamameliswasser
1 EL Rosenwasser (beides in der Apotheke erhältlich)
Zubereitung und Anwendung:
Die Flüssigkeiten gut miteinander vermischen und in eine Flasche abfüllen.
Beide Gesichtswässer sind für jeden Hauttyp geeignet.

Kohl

Kohl enthält die Vitamine B, C und P, außerdem Schwefel und Stärke. Geeignet für die kosmetische Verwendung sind alle Blattkohlsorten.

Hildegards Rezepte:
In ihrer *Physica* schreibt Hildegard von Bingen, daß die Kohlsorten „von der Flüssigkeit des Taus und der Luft“ wachsen. Nähere Angaben über den Kohl finden Sie in der *Ernährungslehre.*

Weitere Rezepte:

Kohlblätter-Gesichtspackung

Zutaten:

einige frische Kohlblätter

Zubereitung und Anwendung:

Reinigen Sie die Kohlblätter, nehmen Sie die Mittelrippen heraus, und rollen Sie die Blätter dann kräftig mit einem Nudelholz.

Die Blätter danach in mehreren Lagen auf das gereinigte Gesicht legen. 1/2 Stunde einwirken lassen.

Diese Gesichtspackung ist besonders geeignet zur Behandlung von unreiner Haut.

Sauerkraut-Gesichtspackung

Zutaten:

1 Handvoll Sauerkraut

Zubereitung und Anwendung:

Das Sauerkraut auf dem gereinigten Gesicht verteilen und eine feuchtwarme Kompresse darüberlegen.

1/4 Stunde lang einwirken lassen, dann lauwarm abwaschen.

Diese Behandlung ist besonders wirksam bei fettiger, großporiger Haut.

Sauerkraut-Gesichtspflege

Auch bei zarter, empfindlicher Haut brauchen Sie auf das pflegende Sauerkraut nicht zu verzichten:

Tränken Sie einfach einen Wattebausch mit etwas Sauerkrautsaft und tupfen Sie damit das Gesicht ab.

Sauerkraut-Badezusatz

Zutaten:

1/2 l Preßsaft von Rohsauerkraut

Zubereitung und Anwendung:

Geben Sie den Saft in Ihr Badewasser.

Dieser Badezusatz wirkt durchblutungsfördernd und macht die Haut zart und seidig.

Meerrettich

Meerrettich ist besonders wegen seines hohen Schwefelgehalts für die Kosmetik interessant.

Hildegards Rezepte:
Hildegard von Bingen schreibt in ihrer *Physica*, daß der Meerrettich von Natur aus warm sei. Sie empfiehlt ihn vor allem gegen Herz- und Lungenbeschwerden. Entsprechende Rezepte finden Sie im Band *Gesundheitsfibel*.

Weitere Rezepte:

Meerrettich-Umschläge

Zutaten:
1/2 l Milch
100 g geriebener Meerrettich
Zubereitung und Anwendung:
Lassen Sie die Milch aufkochen, nehmen Sie sie vom Herd und rühren Sie den geriebenen Meerrettich darunter.
Nach dem Erkalten abseihen.
In diese Flüssigkeit tauchen Sie allabendlich ein leinenes Taschentuch und legen es auf die Hautpartien auf, die Sie behandeln möchten.
Dieses Mittel wirkt bei längerer Anwendung gegen Altersflecken und Sommersprossen.

Meerrettich-Hautlotion

Zutaten:
100 g geriebene Meerrettichwurzeln
1/2 l Weinessig
Zubereitung und Anwendung:
Lassen Sie die Meerrettichwurzeln 1 Woche lang gut zugedeckt in dem Weinessig ziehen.
Danach abfiltern.
Reiben Sie die betroffenen Hautstellen täglich mit dieser Lotion ein.

Auch diese Lotion wirkt gegen Altersflecken und Sommersprossen.

Salat

Grüner Salat ist nicht nur ein gesundes Gemüse, sondern auch ein erfrischendes Schönheitsmittel.

Hildegards Rezepte:
Hildegard von Bingen rät in ihrer *Physica* dazu, einen Salat nie ohne eine Marinade zu essen, weil diese ihn bekömmlicher macht. Rezepte dazu finden Sie in den Bänden *Ernährungslehre* und *Küche aus der Natur.*

Weiteres Rezept:
Salat-Gesichtspackung
Zutaten:
Salatblätter
etwas Olivenöl
etwas Zitronensaft
Zubereitung und Anwendung:
Die Salatblätter waschen, in Olivenöl tauchen und mit etwas Zitronensaft beträufeln.
Die Blätter auf das gereinigte Gesicht legen und mit einer feuchtwarmen Kompresse abdecken.
1/2 Stunde einwirken lassen.

Sellerie

Sellerie enthält ätherische Öle, Schleimstoffe und verschiedene Vitamine, die alle auch der äußerlichen Schönheitspflege zugute kommen können.

Hildegards Rezepte:
Hildegard von Bingen schreibt in ihrer *Physica,* daß der Sellerie warm und mehr von grüner als von trockener Natur sei. Sie empfiehlt ihn vor allem gegen Gicht. Das entsprechende Rezept finden Sie im Band *Gesundheitsfibel.*

Sellerie-Fenchel-Augenkompresse

Aber sie hat auch ein Rezept gegen tränende Augen, die ja oft zu Rötungen und Reizungen der zarten Haut um die Augen herum führen können:

> „Ein Mensch, der tränende Augen hat, so daß sie infolge der überhandnehmenden Säfte von tropfenden Tränen überfließen, der nehme Sellerie und etwas mehr Fenchel, zerstoße dies zu Saft und tauche es in Eiweiß ohne Dotter. Wenn er abends schlafen geht, binde er das mit einem Tuch auf das tränende Auge. Dies tue er oft, und er wird geheilt werden.“ (*Physica*)

Weitere Rezepte:

Sellerie-Haarspülung

Zutaten:
Selleriewasser
Zubereitung und Anwendung:
Wenn Sie Sellerie kochen, verwenden Sie das abgekühlte Kochwasser nach dem Haarewaschen, massieren es gut in die Kopfhaut ein und lassen es einige Minuten einwirken.
Danach gründlich nachspülen.
Diese Haarspülung ist ein wirksames Mittel gegen Schuppen.

Sellerie-Gesichtspackung

Zutaten:
2 EL Selleriesaft (entweder im Entsafter ausgepreßt oder aus dem Reformhaus bzw. Naturkostladen)
Zubereitung und Anwendung:
Rühren Sie diese Flüssigkeit unter die von Ihnen verwendete Nährcreme.

Tragen Sie diese auf das gereinigte Gesicht auf, tupfen die Packung nach 1/4 Stunde Einwirkungszeit mit einem Papiertuch ab und spülen das Gesicht lauwarm ab.
Diese Gesichtspackung erfrischt jeden Hauttyp.

Zwiebel

Zwiebeln sind wegen der in ihnen enthaltenen ätherischen Öle vor allem ein hervorragendes Haarpflegemittel. Keine Sorge: etwaiger Zwiebelgeruch verfliegt sofort.

Hildegards Rezept:
Hildegard von Bingen schreibt in ihrer *Physica* über die Zwiebel, daß sie kalt und giftig sei und möglichst nur in Wein gebeizt gegessen werden sollte. Über die äußere Anwendung der Zwiebel macht sie keine Angaben.

Weiteres Rezept:
Zwiebel-Haarwasser
Zutaten:
1 dicke Zwiebel
100 ml 50prozentiger Alkohol (aus der Apotheke)
Zubereitung und Anwendung:
Die Zwiebel schälen und zerhacken.
Die Zwiebelwürfel in eine Flasche geben und mit dem Alkohol übergießen.
Gut verschlossen 1 Monat lang ziehen lassen.
Dann durch Kaffeefilterpapier abseihen und etwas von dieser Flüssigkeit täglich in die Kopfhaut einmassieren.
Dieses Haarwasser kräftigt das Haar und wirkt vor allem gegen Haarausfall.

Schönheitspflege aus dem Obstgarten

Wie im Gemüsegarten läßt sich auch im Obstgarten manches finden, was nicht nur von innen, sondern auch von außen der Schönheit dienen kann.

Äpfel

Äpfel sind nicht nur reich an Vitaminen, sondern auch an Pektinen, Säuren, Enzymen und Mineralsalzen. Dieses Obst ist ein Schönheitsmittel, das sowohl innerlich als auch äußerlich angewendet werden kann. Zur inneren Anwendung finden Sie nähere Angaben im Kapitel „Schönheit kann man essen".

Hildegards Rezepte:
Hildegard von Bingen schreibt in ihrer *Physica* über den Apfelbaum, daß er seiner Natur nach feucht und warm sei – „und zwar von solcher Feuchtigkeit, daß er sogar zerfließen würde, würde er nicht durch die Wärme zusammengehalten".

Apfelblätter für glänzende Augen

> „Man nehme im Frühling die Blätter jenes Baumes, bevor er die Früchte des Jahres hervorbringt – nämlich dann, wenn die Blätter im ersten Ausbrechen zur Frühlingszeit sind, weil sie dann zart und heilkräftig sind wie die jungen Mädchen, bevor sie Kinder bekommen. Diese Blätter zerstoße man und drücke ihren Saft aus und gebe dazu ein gleiches Maß von Tropfen, die aus der Rebe fließen, und bringe das zusammen in ein Gefäß. Abends vor dem Schlafengehen salbe man damit die Lider und die Augen mit einer darin eingetauchten Feder ein wenig, wie wenn der Tau auf das Gras fällt, und so, daß nichts ins Auge gelange. Und dann besprenge man die zerstoßenen Apfelblätter mit den genannten Tropfen, die aus der Rebe fließen, und lege dies auf die Augen und halte dies mit einem Tuch zusammen." (*Physica*)

Hildegard empfiehlt den Apfel besonders zur Behandlung von Milz- und Magenleiden – entsprechende Rezepte finden Sie in der *Gesundheitsfibel.* Wie Sie den Apfel in der Küche verwenden können, sagen Ihnen die Bände *Ernährungslehre* und *Küche aus der Natur.*

Weitere Rezepte:

Apfel-Gesichtsmassage

Zutaten:

2 Apfelviertel

Zubereitung und Anwendung:

Mit den Schnittflächen des Apfels unter kreisenden Bewegungen sanft die Gesichtshaut massieren.

Diese Massage ist besonders geeignet für die müde, trockene Haut.

Apfel-Gesichtswasser

Verwenden Sie Apfelsaft als Gesichtswasser – dieser festigt das Gewebe.

Apfel-Gesichtspackung

Zutaten:

1 Apfel

1 TL Honig

Zubereitung und Anwendung:

Den Apfel waschen und reiben, mit dem Honig verrühren.

Auf das gereinigte Gesicht auftragen, mit einer feuchtwarmen Kompresse fixieren und 1/2 Stunde einwirken lassen.

Apfel-Handpflege

Apfelschalen eignen sich wegen ihrer Bleichwirkung hervorragend zur Reinigung verfärbter Hände. Die Hände werden einfach regelmäßig intensiv mit der Innenseite der Schalen abgerieben.

Diese Pflege eignet sich zur Behandlung von Nikotin-, Saft- und auch von Altersflecken.

Apfel-Haarwasser
Regelmäßige Kopfmassagen mit Apfelsaft schützen vor vorzeitigem Ergrauen der Haare.

Birnen

Birnen sind ideale Feuchtigkeitsspender für die Haut.
Über die innere Anwendung erfahren Sie mehr im Kapitel „Schönheit kann man essen". Auch zur äußeren Schönheitspflege kann man die Birne verwenden.

Hildegards Rezepte:
Hildegard von Bingen schreibt in ihrer *Physica*, daß der Birnbaum seiner Natur nach mehr kalt als warm sei. Sie empfiehlt die Birne vor allem in Form von Birnhonig, der als Medikament besonders gegen die Migräne „kostbarer als Gold" sei. Das Rezept für den Birnhonig finden Sie in der *Gesundheitsfibel*.

Weitere Rezepte:
Birnen-Gesichtsmassage
Zutaten:
2 Birnenviertel
Zubereitung und Anwendung:
Die Anwendung ist denkbar einfach – massieren Sie mit den Birnenvierteln sanft Ihr Gesicht.
Diese Massage wirkt erfrischend und belebend vor allem auf müde, trockene Haut.
Birnen-Gesichtspackung
Zutaten:
1 weiche, saftige Birne
etwas Quark oder süße Sahne
Zubereitung und Anwendung:
Schälen und zerdrücken Sie die Birne zu einem Brei.

Um die pflegende Wirkung noch zu verstärken, können Sie etwas Quark oder süße Sahne daruntermischen.
Die Packung auf das gereinigte Gesicht auftragen, 1/4 Stunde einwirken lassen, dann lauwarm abspülen.
Diese Gesichtspackung wirkt belebend und feuchtigkeitsspendend vor allem für die trockene Haut.

Erdbeeren

Erdbeeren tragen durch ihren Vitamin-C-Gehalt innerlich und äußerlich zur Zellerneuerung bei. Dadurch wird die Haut zart und samtig. Allerdings sollte man bei Allergien vorsichtig sein.

Hildegards Rezepte:
Hildegard von Bingen lehnt die Erdbeere als Lebensmittel ab. Für sie zählt sie zu den sog. Küchengiften. Näheres dazu finden Sie im Band *Ernährungslehre.* In ihrer *Physica* rät sie deshalb vom Genuß der Erdbeeren ab. Über die äußere Anwendung zur Hautpflege schreibt sie allerdings nichts.

Weitere Rezepte:
Erdbeer-Gesichtswasser
Während der Erdbeersaison können Sie statt Gesichtswasser auch frisch gepreßten Erdbeersaft verwenden.

Erdbeer-Gesichtspackung 1
Zutaten:
1 Handvoll Erdbeeren
1 EL süße Sahne
1 TL Bienenhonig
Zubereitung und Anwendung:
Die Erdbeeren zerdrücken und mit Sahne und Honig verrühren.
Die Masse auf die gereinigte Haut auftragen und nach einer Viertelstunde lauwarm abwaschen.
Statt der Sahne können Sie auch Quark oder Joghurt verwenden.

Erdbeer-Gesichtspackung 2

Zutaten:

2 TL frisch gepreßter Erdbeersaft

2 TL ungesalzene Butter

Zubereitung und Anwendung:

Saft und Butter gut miteinander verrühren und auf das gereinigte Gesicht auftragen.

1/4 Stunde einwirken lassen und mit warmem Wasser und einer milden Gesichtsseife (auch Babyseife ist geeignet) abwaschen.

Kalt nachspülen.

Erdbeer-Gesichtspackung 3

Zutaten:

1 Handvoll frische Erdbeeren

1–2 EL Mehl

Zubereitung und Anwendung:

Die Erdbeeren zerdrücken und mit dem Mehl verrühren, so daß ein dicker Brei entsteht. Diesen auf das gereinigte Gesicht auftragen, 1/4 Stunde lang einwirken lassen und mit lauwarmem Wasser abwaschen.

Erdbeerblätter-Kompresse

Zutaten:

2 Handvoll Erdbeerblätter

1/4 l kochendes Wasser

Zubereitung und Anwendung:

Übergießen Sie die Erdbeerblätter mit dem Wasser, und lassen Sie sie eine Viertelstunde lang darin ziehen.

Dann durch ein Haarsieb abgießen und die Pflanzenteile dabei gut ausdrücken.

In den Aufguß ein Gästehandtuch tauchen, auswringen und dieses auf das gereinigte Gesicht legen.

1/4 Stunde lang einwirken lassen.

Diese Kompresse ist wegen ihrer adstringierenden Wirkung besonders gut geeignet zur Pflege fettiger und unreiner Haut.

Pfirsich

Pfirsiche wirken stark durchblutungsfördernd und machen die Haut geschmeidig. Sie sollten deshalb hin und wieder diese wohlschmeckende Frucht auch für kosmetische Zwecke äußerlich anwenden. Über die innere Schönheitspflege durch den Pfirsich erfahren Sie mehr im Kapitel „Schönheit kann man essen".

Hildegards Rezepte:
Hildegard von Bingen charakterisiert den Pfirsichbaum in ihrer *Physica* seiner Natur nach als mehr warm als kalt. Sie empfiehlt ihn gegen Wurmerkrankungen, Atemwegsbeschwerden und Kopfschmerzen. Die entsprechenden Rezepte finden Sie in der *Gesundheitsfibel.*

Behandlung der unreinen Haut

> „Wer ... Flecken wie eine Unke auf dem Körper hat, der nehme die innere Rinde dieses Baumes, bevor seine Frucht reift, zerstoße sie und presse ihren Saft aus. Er füge ein wenig Essig bei und so viel Honig wie die Menge dieser beiden. Und er gebe alles zusammen in ein neues Tongefäß, und wo er üble Flecken oder Rosen an seinem Leib hat, salbe er sich oft, bis sie kleiner werden." (*Physica*)

Rezept für einen guten Atem

> „Wer einen stinkenden Atem hat, nehme Pfirsichblätter vor der Reife der Frucht und zerquetsche sie. Dann nehme er eine Handvoll Süßholz, ein wenig Pfeffer und hinreichend Honig und koche alles in reinem Wein und bereite daraus einen Trank. Diesen trinke er oft nach dem Mittagessen und am Abend. Der Trank macht seinen Atem wohlriechend und vertreibt die Fäulnis aus Kopf und Brust." (*Physica*)

Weitere Rezepte:

Pfirsich-Gesichtspackung

Zutaten:
1 reifer Pfirsich

Zubereitung und Anwendung:
Den Pfirsich schälen, entsteinen und mit einer Gabel zerquetschen.
Den Brei auf das gereinigte Gesicht auftragen und eine Viertelstunde lang einwirken lassen.
Dann lauwarm abwaschen.
Die wohltuende Wirkung dieser Gesichtspackung wird unterstützt, wenn Sie jeweils kleinere Mengen Ihrer Hautcreme mit etwas frischem Pfirsichsaft verrühren.
Diese Gesichtspflege ist für jeden Hauttyp geeignet.

Pfirsich-Gesichtsmaske

Zutaten:
1 reifer Pfirsich
1 Eiweiß
Zubereitung und Anwendung:
Den Pfirsich schälen, entsteinen und zerdrücken.
Das Eiweiß steif schlagen und unter die Pfirsichmasse rühren.
Die Maske mit dem Pinsel auf das gereinigte Gesicht auftragen und nach einer 1/2 Stunde kalt abspülen.
Die Maske hat eine besonders gute Wirkung auf die fettige Haut.

Pfirsich-Haarspülung

Zutaten:
1 Handvoll getrocknete Pfirsichblätter
1/4 l kochendes Wasser
Zubereitung und Anwendung:
Übergießen Sie die Blätter mit dem Wasser.
Nach dem Abkühlen abseihen und die Flüssigkeit als letzte Spülung nach dem Haarewaschen verwenden.
Diese Spülung ist besonders gut geeignet zur Pflege von feinem, fliegendem Haar.

Quitte

Quitten enthalten Schleimstoffe, Öle und Vitamin C. Sie sind nicht nur ein gesundes Obst, sondern können wegen ihrer wertvollen Inhaltsstoffe auch sehr gut für die Schönheitspflege verwendet werden.

Hildegards Rezepte:
Hildegard von Bingen schreibt in ihrer *Physica*, daß die Frucht der Quitte ihrer Natur nach trocken und warm sei und eine gute Mischung in sich habe. Sie empfiehlt sie vor allem gegen die Gicht. Das entsprechende Rezept finden Sie im Band *Gesundheitsfibel.*

Quitten gegen unreine Haut

> „Wenn ein Mensch unter Geschwüren leidet, koche oder brate er diese Frucht und lege sie mit anderen Mitteln auf die Geschwüre, und er wird geheilt werden." (*Physica*)

Weitere Rezepte:

Qittenkern-Haarfestiger

Zutaten:
1 EL Quittenkerne (aus der Apotheke)
1/4 l Wasser
Zubereitung und Anwendung:
Die Quittenkerne mit dem Wasser eine Viertelstunde lang leicht köcheln lassen.
Wenn die Flüssigkeit Blasen wirft, vom Herd nehmen und durch ein Haarsieb abgießen.
Die Flüssigkeit im Kühlschrank aufbewahren.
Den Quittenschleim nach dem Waschen und Spülen in das Haar gut einmassieren – dadurch haben Sie die Wirkung eines Haarfestigers, der den gekauften Produkten in nichts nachsteht.

Quitten-Hautpflege

Bei unreiner Haut wirken regelmäßige Abreibungen mit dem Saft frischer Quitten besonders heilsam.
Auch Quittenschleim, der genauso wie der oben genannte Haarfestiger hergestellt wird, ist für die Behandlung unreiner und vor allem entzündeter Haut sehr gut geeignet. Die Haut mehrmals täglich sanft mit diesem Schleim einreiben.

Schönheitspflege aus dem Wald

BEI EINEM Waldspaziergang tun Sie nicht nur etwas für Ihre Gesundheit – Sie können auch manches Nützliche für Ihre Schönheitspflege dabei finden. Die Schönheit wächst hier buchstäblich auf den Bäumen.

Birke

Birkenblätter sind für die Schönheitspflege vielseitig verwendbar. Sie enthalten vor allem Gerb- und Bitterstoffe, Saponine, Harze, Vitamin C und ätherische Öle. Außerdem wirken sie desinfizierend, was sie zur Behandlung von fettiger, unreiner Haut besonders geeignet macht.

Hildegards Rezepte:
Hildegard von Bingen beschreibt die Birke als mehr warm als kalt. Sie empfiehlt sie hauptsächlich zur Behandlung von Hautproblemen.

Birkenknospen bei Hautproblemen

> „Wenn am Leib eines Menschen seine Haut sich zu röten und beulig zu werden beginnt ..., nehme er die Knospen, d.h. die Sprossen dieses Baumes, und wärme sie an der Sonne oder am Feuer. Dann lege er sie um die betroffene Stelle und lege ein Tuch darüber. Das tue er oft, und die Geschwulst wird von ihm weichen.“ (*Physica*)

Weitere Rezepte:

Birkenblätter-Gesichtskompresse

Zutaten:
1 Handvoll Birkenblätter
1/4 l kochendes Wasser

Zubereitung und Anwendung:
Die Birkenblätter mit dem kochenden Wasser übergießen, abkühlen lassen und durch ein Haarsieb abseihen.
Ein Gästehandtuch in den Aufguß tauchen, auswringen und auf das gereinigte Gesicht legen.
1/4 Stunde einwirken lassen.
Diese Kompresse ist besonders wirksam zur Behandlung der fettigen, unreinen Haut.

Birkenblätter- Haarspülung
Zutaten:
1 TL getrocknete Birkenblätter
1 Tasse kochendes Wasser
Zubereitung und Anwendung:
Die Birkenblätter mit dem kochenden Wasser übergießen und 1/4 Stunde lang ziehen lassen.
Dann durch Kaffeefilterpapier abseihen.
Die Flüssigkeit als letzte Spülung nach dem Haarewaschen verwenden.
Eine Haarspülung mit diesem Aufguß macht das Haar weich und glänzend und wirkt außerdem gegen Haarausfall.
Wichtig: Diese Spülung ist *nicht* für blondes Haar geeignet!

Birkenblätter-Fußlotion
Zutaten:
1 Handvoll Birkenblätter
1/2 l kochendes Wasser
Zubereitung und Anwendung:
Die Birkenblätter mit dem kochenden Wasser übergießen, einige Stunden ziehen lassen, dann durch Kaffeefilterpapier abseihen.
Mit diesem Aufguß regelmäßig die Füße abreiben.
Diese Fußlotion wirkt gegen Schweißfüße.

Eiche

Die Eichenrinde hat eine stark adstringierende Wirkung und ist reich an Gerbstoffen. Die bei uns wachsenden Eichen eignen sich allerdings nicht für kosmetische Zwecke. Die für die folgenden Rezepte benötigte Eichenrinde – sie stammt von den Korkeichen der Iberischen Halbinsel – erhalten Sie in der Apotheke.

Hildegards Rezepte:
Es ist interessant, daß Hildegard von Bingen die Eiche in jeder Beziehung ablehnt. Dabei ist diese u. a. ein geeignetes Zufutter für Schweine (die ja gerade auch zu ihrer Zeit sehr viel in Eichenwäldern geweidet wurden). In Notzeiten wurden Eicheln sogar im Brot verbacken. Auch für medizinische Zwecke wurde die Eiche über die Jahrhunderte genutzt. Hildegard schreibt allerdings:

> „Die Frucht ist für den Menschen ungenießbar, und nicht einmal die Würmlein fressen ihr Holz gern. Wenn sie es fressen, hören sie schnell auf und gehen ein. Aber es fressen einige wilde Tiere von der Frucht und werden fett, wie die Schweine es sind. Für Heilmittel ist weder die Frucht noch das Holz zu gebrauchen." (*Physica*)

Weitere Rezepte:

Eichenrinde-Hand- und Fußbäder

Zutaten:
1 Handvoll Eichenrinde (aus der Apotheke)
1/2 l Wasser
Zubereitung und Anwendung:
Die Eichenrinde 1/4 Stunde lang in dem Wasser köcheln lassen, dann durch ein Haarsieb abseihen.
Diesen Absud dem Hand- oder Fußbad zusetzen.
Ein solches Bad ist sehr wirkungsvoll gegen schwitzende Hände und Fußschweiß.

Eichenrinde-Badezusatz

Zutaten: 3 Handvoll Eichenrinde
2 l Wasser

Zubereitung und Anwendung:
Die Eichenrinde im Wasser etwa 1/2 Stunde lang leise köcheln lassen.
Dann durch ein Haarsieb ins Badewasser abgießen.
Dieser Badezusatz ist sehr wirksam gegen fettige und unreine Körperhaut.

Erle

Die Erle ist reich an adstringierenden Substanzen. Besonders geeignet – vor allem für fettige Haut – ist die Schwarzerle *(Alnus glutinosa)*.

Hildegards Rezepte:

> „Die Erle ist mehr kalt als warm. Sie bezeichnet die Nutzlosigkeit und taugt nicht viel zu Heilmitteln." (*Physica*)

Erlenblätter bei Hautproblemen
Aber Sie hat dennoch ein Rezept gegen unreine Haut:

> „Wenn aber jemand an seiner Haut etwas geschwürig ist, lege er junge und frische Blätter dieses Baumes auf die Geschwüre, und er wird sich besser fühlen." (*Physica*)

Erlenblätter-Badezusatz
Zutaten:
1 Handvoll frische oder getrocknete Erlenblätter
2 l kochendes Wasser
Zubereitung und Anwendung:
Die Erlenblätter mit dem kochenden Wasser übergießen und 1/4 Stunde lang ziehen lassen.
Durch ein Haarsieb ins Badewasser abseihen.
Dieser Badezusatz eignet sich vor allem zur Pflege der fettigen, unreinen Körperhaut.

Kastanie

Hildegard von Bingen lobt in ihrer *Physica* die Edelkastanie *(Castanea sativa)*, die sie neben Dinkel und Fenchel uneingeschränkt für Gesunde und Kranke als Lebensmittel empfiehlt. Aber auch die Roßkastanie *(Alsuelus hippocastanum)* – die sie nicht erwähnt – ist gerade für kosmetische Zwecke sehr wichtig. Sie enthält Saponine und Gerbstoffe und kann verschiedene Schönheitsprobleme lindern und heilen.

Hildegards Rezepte:
Die Eßkastanie empfiehlt Hildegard von Bingen vor allem gegen Gicht, Herzbeschwerden, Kopf- und Magenschmerzen. Entsprechende Rezepte finden Sie in der *Gesundheitsfibel.* Dic folgenden Rezepte beziehen sich auf die Roßkastanie, die ausschließlich zur äußerlichen Behandlung geeignet ist.

Weitere Rezepte:
Roßkastanien-Zellulitisbehandlung
Zutaten:
1 Handvoll Roßkastanien
1/4 l Wasser
Zubereitung und Anwendung:
Die Kastanien schälen und weichkochen, zerdrücken und mit dem Rest der Füssigkeit zu einem Brei verrühren.
Diesen Brei auf die betroffenen Körperstellen auftragen und 1 Stunde lang einwirken lassen.
Dann mit kaltem Wasser und einem Schwamm abreiben.
Diese Behandlung sollte über einige Monate täglich angewendet werden.

Roßkastanien-Handpflege
Zutaten:
1 Handvoll Roßkastanien
1 Eigelb
1 EL süßes Mandelöl (in der Apotheke erhältlich)

Zubereitung und Anwendung:
Die Kastanien schälen, weichkochen und mit der Gabel zerdrücken.
Mit Eigelb und Mandelöl verrühren.
Die Hände mit diesem Brei bestreichen, Baumwollhandschuhe darüberziehen und über Nacht einwirken lassen.
Diese Behandlung wirkt vor allem gegen gerötete, rissige Hände.

Kiefer

Die Kiefer enthält ätherische Öle und desinfizierende Wirkstoffe, die sehr gut für die Schönheitspflege verwendet werden können.

Hildegards Rezepte:

Kiefern-Augensalbe
Hildegard von Bingen empfiehlt die Kiefer vor allem zur Herstellung von Augensalben:

> „Wenn jemand Augensalben macht, füge er ihnen ein wenig vom Kiefernsaft bei. Dies macht die Augen strahlend und man kann besser sehen. Einfach und allein für sich gebraucht ist der Kiefernsaft nicht geeignet, weil er zu stark wäre." (*Physica*)

Aber auch für alle anderen Salben rät sie zu einem Zusatz der Kiefer:

> „Wenn jemand Salben bereitet, füge er vom Saft ihrer Zweiglein den Salben bei, und sie werden besser und kräftiger." (*Physica*)

Linde

Lindenblüten haben einen hohen Gehalt an ätherischen Ölen. Durch ihre schweißtreibende Wirkung sind sie besonders gut geeignet zur Behandlung unreiner und fettiger Haut.

Hildegards Rezepte:
Hildegard von Bingen schreibt, daß die Linde große Wärme in sich birgt.

> „Diese Wärme ist ganz in der Wurzel enthalten und steigt von dort in die Zweige und Wurzeln auf." (*Physica*)

Sie empfiehlt vor allem das Holz der Lindenwurzel gegen Herzbeschwerden und Gicht. Aber auch für klare, leuchtende Augen (und natürlich für die sie umgebende zarte Haut) ist die Linde empfehlenswert:

Lindenblätter für klare, reine Augen

> „Im Sommer, wenn du schlafen gehst, lege frische Lindenblätter auf deine Augen und bedecke dein ganzes Gesicht damit. Dies macht deine Augen klar und rein." (*Physica*)

Bei diesem Rezept bewährt sich einmal mehr die von Hildegard so gerühmte „Grünkraft" *(viriditas)*, die gerade in den Lindenblättern vorhanden ist.

Weitere Rezepte:

Lindenblüten-Gesichtsdampfbad

Zutaten:
1 Handvoll Lindenblüten
2 l kochendes Wasser
Zubereitung und Anwendung:
Die Lindenblüten in eine große Porzellanschale geben und mit dem kochenden Wasser übergießen.
Über Kopf und Schüssel ein großes Handtuch legen, damit nichts von den heilsamen Dämpfen entweichen kann.
Dieses Gesichtsdampfbad ist besonders gut geeignet zur Behandlung von fettiger und unreiner Haut.

Lindenblüten-Gesichtskompressen

Zutaten:
1 Handvoll Lindenblüten
1/2 l kochendes Wasser

Zubereitung und Anwendung:
Die Lindenblüten mit dem kochenden Wasser übergießen.
Durch Kaffeefilterpapier abseihen, in den noch möglichst heißen Aufguß ein Gästehandtuch tauchen und auswringen.
Dieses auf das gereinigte Gesicht legen und 1/4 Stunde lang einwirken lassen.
Diese Kompresse ist, wenn sie täglich angewendet wird, sehr wirksam zur Behandlung von Pickeln und Mitessern.

Lindenblüten-Badezusatz

Zutaten:
3 Handvoll Lindenblüten
2 Handvoll Kamillenblüten
2 l Wasser
Zubereitung und Anwendung:
Die Linden- und Kamillenblüten mit dem Wasser übergießen und auf kleiner Flamme 1/2 Stunde lang köcheln lassen.
Durch ein Sieb ins Badewasser geben.
Nach dem Bad sollten Sie möglichst gleich zu Bett gehen, um die schweißtreibende Wirkung dieses Bades voll ausnutzen zu können.
Dieser Badezusatz ist beruhigend und hautreinigend und auch bei Erkältungen ein heilsames Mittel.

Lindenblüten-Haarspülung

Zutaten:
1 Handvoll Lindenblüten
1/4 l Wasser
Zubereitung und Anwendung:
Die Lindenblüten 1/4 Stunde lang leicht köcheln lassen.
Dann durch Kaffeefilterpapier abgießen und als letztes Spülwasser nach dem Haarewaschen verwenden.
Diese Haarspülung ist besonders gut geeignet für trockenes, sprödes Haar.
Außerdem hellt es blonde Haare auf.

Weide

In Rinde und Blättern der Weide sind Säuren enthalten, die eine fiebersenkende Wirkung ähnlich der des Aspirins haben. Aber auch für kosmetische Zwecke kann man die Weide verwenden.

Hildegards Rezepte:
Hildegard von Bingen schreibt in ihrer *Physica* im Grunde sehr negativ über die Weide, die doch seit Jahrtausenden ein bewährtes Heilmittel ist (man denke nur an die Eigenschaften der Weidenrinde, die fast dem Aspirin gleichkommen) und auch für die Schönheitspflege verwendet wurde:

> „Die Weide ist kalt und bezeichnet die Laster, weil sie schön zu sein scheint. Den Menschen ist sie weniger nützlich ... Sie taugt zu keinem Heilmittel, denn ihre Frucht und ihr Saft sind bitter und taugen nicht für den Gebrauch des Menschen." (*Physica*)

Trotz dieses vernichtenden Urteils über die Weide sollen im folgenden Rezepte angegeben werden, die sich bewährt haben.

Weidenblätter-Haarspülung

Zutaten:
1 EL getrocknete Weidenblätter
1 Tasse kochendes Wasser

Zubereitung und Anwendung:
Die Weidenblätter mit dem Wasser übergießen und nach dem Abkühlen durch Kaffeefilterpapier abgießen.
Als letzte Spülung nach dem Haarewaschen verwenden.
Diese Haarspülung hilft gegen fettiges Haar und Schuppen.
Wichtig: Die Spülung sollte *nicht* bei blondem Haar verwendet werden, weil es zu unliebsamen Verfärbungen kommen könnte.

Schönheitspflege aus dem Kräutergarten

Die meisten Küchenkräuter sind nicht nur Würzmittel zur Verfeinerung der Speisen oder um diese bekömmlicher zu machen – sie wurden und werden auch als Heilmittel genutzt. Viele dieser Küchenkräuter können zudem als wirksame Schönheits- und Pflegemittel verwendet werden.

Basilikum

Basilikum ist nicht nur ein besonders aromatisches Küchengewürz – es kann auch für die Schönheitspflege verwendet werden. Es wurde früher vor allem als Heilmittel gegen Nerven- und Muskelschmerzen angewandt.

Hildegards Rezepte:
Hildegard von Bingen beschreibt das Basilikum in ihrer *Physica* als von Natur aus kalt. Sie empfiehlt es vor allem bei Fiebererkrankungen. Das entsprechende Rezept finden Sie im Band *Gesundheitsfibel.*

Weitere Rezepte:
Basilikum-Mundwasser
Zutaten:
1 kleine Handvoll Basilikumblätter
1/4 l kochendes Wasser
Zubereitung und Anwendung:
Das Basilikum mit dem Wasser übergießen, 1/4 Stunde ziehen lassen, dann durch Kaffeefilterpapier abseihen.
Den Mund gründlich mit diesem Aufguß ausspülen.
Dieses Mundwasser wirkt bei regelmäßiger Anwendung gegen unangenehmen Mundgeruch.

Bohnenkraut

Das Bohnenkraut ist als verdauungsförderndes Gewürz bekannt. Es läßt sich aber auch für die Schönheitspflege verwenden, da es reich an ätherischen Ölen ist.

Hildegards Rezepte:
In ihrer *Physica* schreibt Hildegard von Bingen über das Bohnenkraut, daß es seiner Natur nach eher warm als kalt sei. Sie empfiehlt es vor allem gegen Gicht.

Weitere Rezepte:

Bohnenkraut-Gesichtskompresse
Zutaten:
1 EL Bohnenkraut
1/4 l kochendes Wasser
Zubereitung und Anwendung:
Das Bohnenkraut mit dem Wasser übergießen, ziehen lassen.
Nach dem Abkühlen durch Kaffeefilterpapier abseihen.
In die Flüssigkeit ein Gästehandtuch tauchen, auswringen und auf das gereinigte Gesicht legen.
1/4 Stunde lang einwirken lassen.
Diese Kompressen sind sehr wirksam gegen unreine Haut.

Knoblauch

Der Knoblauch ist als Würzpflanze bekannt. Da er Bakterien tötende Wirkstoffe enthält, ist er auch für die natürliche Schönheitspflege interessant.

Hildegards Rezepte:
Hildegard von Bingen schreibt über den Knoblauch:

> „Der Knoblauch hat die rechte Wärme, und er wächst aus der Stärke des Taus." (*Physica*)

Sie empfiehlt vor allem, ihn roh zu essen. Nähere Angaben zum Knoblauch finden Sie in den Bänden *Ernährungslehre* und *Küche aus der Natur*

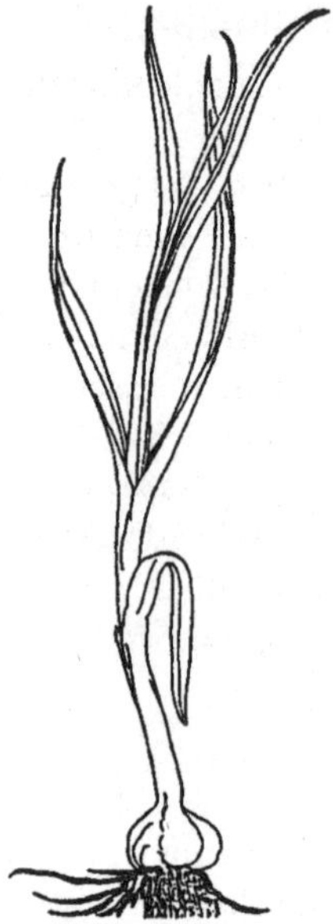

Knoblauch-Hühneraugenpflaster
Zutaten:
1 Scheibe Knoblauch
1 Heftpflaster
Zubereitung und Anwendung:
Eine Scheibe Knoblauch auf das Hühnerauge legen und mit einem Pflaster befestigen.
Über Nacht einwirken lassen und am nächsten Morgen ein heißes Fußbad nehmen.
Die Behandlung wiederholen, bis das Hühnerauge sich ablöst.

Lavendel

Lavendelblüten haben einen hohen Gehalt an ätherischen Ölen und Gerbstoffen. Sie wirken belebend und antiseptisch.

Hildegards Rezepte:
Hildegard von Bingen schreibt:

> „Der Lavendel ist warm und trocken, weil er wenig Saft hat. Er nützt den Menschen nicht zur Nahrung, aber er hat einen starken Duft.“ (*Physica*)

So empfiehlt sie ihn z. B. gegen Läuse und anderes Ungeziefer:

> „Wenn ein Mensch, der viele Läuse hat, oft am Lavendel riecht, sterben die Läuse an ihm.“ (*Physica*)

Außerdem gibt sie einen interessanten Hinweis, der Aromatherapie und Kosmetik miteinander verbindet:

> „Der Duft des Lavendels macht die Augen klar.“ (*Physica*)

Weitere Rezepte:

Lavendel-Badezusatz

Zutaten:

1 Handvoll getrocknete Lavendelblüten

1 alter Perlonstrumpf

Zubereitung und Anwendung:

Die Blüten in den Strumpf geben und das Badewasser darüber einlaufen lassen.

Dann die Blüten gut ausdrücken.

Dieser Badezusatz wirkt gleichzeitig entspannend und erfrischend und ist besonders gut geeignet zur Behandlung unreiner Körperhaut.

Lavendel-Hautlotion

Zutaten:

10 g Lavendelöl

100 g süßes Mandelöl (beides in der Apotheke erhältlich)

Zubereitung und Anwendung:

Mischen Sie die beiden Öle miteinander, und füllen Sie sie in eine dunkle Flasche.

Vor Gebrauch gut schütteln.

Dieses Körperöl ist für jeden Hauttyp geeignet, besonders wirksam aber zur Behandlung von unreiner Haut.

Lavendel-Haarwasser

Zutaten:

2 Handvoll getrocknete Lavendelblüten

1/4 l Obstessig

Zubereitung und Anwendung:

Die Lavendelblüten mit dem Obstessig übergießen und in einem gut verschlossenen Glas 2 Wochen lang an einem warmen Platz (sonnige Fensterbank, Heizungsnähe) stehenlassen.

Dann durch Kaffeefilterpapier abseihen und in eine Flasche abfüllen.

Regelmäßig die Kopfhaut mit diesem duftenden Essig massieren.

Das Haarwasser wirkt sehr gut gegen fettiges Haar und Schuppen.
Wichtig: Lavendelessig sollte *nicht* für blondes Haar verwendet werden!

Lavendel-Gesichtswasser
Zutaten:
3 EL Lavendelblüten
100 ml Obstessig
1/4 l kochendes Wasser
100 g Hamameliswasser (in der Apotheke erhältlich)
Zubereitung und Anwendung:
Die Lavendelblüten mit dem Wasser übergießen, zugedeckt abkühlen lassen, dann den Obstessig dazugeben.
In einem verschlossenen Glas 1 Woche lang stehenlassen.
Dann durch Kaffeefilterpapier abseihen und dabei die Blüten gut ausdrücken.
Das Hamameliswasser dazugeben und alles in eine dunkle Flasche abfüllen.
Zur Erfrischung und Reinigung des Gesichtes einige Tropfen davon auf einen angefeuchteten Wattebausch geben.
Dieses Gesichtswasser ist besonders gut geeignet zur Pflege der unreinen, fettigen Haut.

Liebstöckel

Der stark duftende Liebstöckel – auch „Maggikraut" genannt – ist Ihnen sicherlich als Küchengewürz bekannt. Liebstöckel enthält ätherische Öle, verschiedene Säuren und Harze.

Hildegards Rezepte:
Hildegard von Bingen beschreibt in ihrer *Physica* den Liebstöckel als von „gemäßigter Wärme". Sie empfiehlt ihn vor allem gegen Halsschmerzen und Husten. Entsprechende Rezepte finden Sie in der *Gesundheitsfibel.* Weitere Auskünfte über diese Pflanze finden Sie im Band *Pflanzen- und Kräuterkunde.*

Weitere Rezepte:

Liebstöckel-Badezusatz

Zutaten:

2 Handvoll Liebstöckelblätter

1 alter Perlonstrumpf

Zubereitung und Anwendung:

Geben Sie die Liebstöckelblätter in den Strumpf, und lassen Sie das Badewasser darüber einlaufen.

Dann die Kräuter gut ausdrücken.

Dieser Badezusatz ist sehr wirksam gegen starke Schweißabsonderung und unreine Körperhaut.

Liebstöckel-Fußbad

Zutaten:

1 Handvoll Liebstöckelblätter

1/2 l kochendes Wasser

Zubereitung und Anwendung:

Die Liebstöckelblätter mit dem Wasser übergießen und abkühlen lassen.

Dann durch ein Haarsieb abseihen und dem Fußbad zusetzen.

Dieses Fußbad wirkt gegen Fußschweiß.

Melisse

Die Melisse ist nicht nur ein sehr schmackhaftes Teekraut und eine gesunde Speisenwürze – sie ist auch sehr gut geeignet für die Schönheitspflege. Die Melisse enthält viele Mineralsalze, Gerbstoffe und duftende ätherische Öle.

Hildegards Rezepte:

Hildegard von Bingen macht der Melisse ein großes Kompliment zu ihrer Bedeutung für den Menschen:

> „Ein Mensch, der sie ißt, lacht gerne, weil ihre Wärme die Milz berührt und deshalb das Herz erfreut.“ (*Physica*)

Nähere Angaben über Anbau und Verwendung der Melisse finden Sie im Band *Pflanzen- und Kräuterkunde.*

Weitere Rezepte:

Melissen-Gesichtsdampfbad

Zutaten:
2 EL Melissenblätter
2 l kochendes Wasser

Zubereitung und Anwendung:
Die Melissenblätter mit dem Wasser übergießen.
Über Schüssel und Kopf ein großes Handtuch legen, damit die wertvollen Dämpfe nicht verlorengehen.
Dieses Gesichtsdampfbad eignet sich besonders zur Erfrischung und Belebung der müden, älter werdenden Haut.

Melissen-Badezusatz

Zutaten:
1 Handvoll Melissenblätter
1 alter Perlonstrumpf

Zubereitung und Anwendung:
Die Melissenblätter in den Perlonstrumpf geben und das Badewasser darüber einlaufen lassen.
Die Kräuter gut ausdrücken.
Dieser Badezusatz wirkt erfrischend für jeden Hauttyp.

Melissen-Haarwasser

Zutaten:
1 Handvoll Melisse
1/4 l Obstessig

Zubereitung und Anwendung:
Die Melisse mit dem Obstessig übergießen und in einem gut verschlosssenen Glas 1 Woche lang stehenlassen.
Dann durch Kaffeefilterpapier abseihen, dabei die Pflanzenrückstände gut auspressen.
Haar und Kopfhaut regelmäßig mit diesem Haarwasser massieren.
Dieses Haarwasser hält das Haar kräftig und gesund.
Wichtig: Das Haarwasser sollte *nicht* für blondes Haar verwendet werden, da es möglicherweise zu unliebsamen Verfärbungen kommt.

Petersilie

Petersilie enthält das „Schönheitsvitamin“ A. Man sollte sie deshalb möglichst oft den Speisen zusetzen. Näheres dazu finden Sie im Kapitel „Schönheit kann man essen“. Weitere Informationen finden Sie außerdem in den Bänden *Ernährungslehre, Küche aus der Natur* und *Pflanzen- und Kräuterkunde.*

Hildegards Rezepte:
In ihrer *Physica* bescheinigt Hildegard von Bingen der Petersilie eine „kräftige Natur“. Sie empfiehlt sie vor allem zur Behandlung von Fiebererkrankungen und Herz- und Milzbeschwerden. Entsprechende Rezepte finden Sie in der *Gesundheitsfibel.*

Weitere Rezepte:

Petersilien-Gesichtskompressen

Zutaten:
1 Handvoll frische oder getrocknete Petersilie
1/4 l kochendes Wasser
Zubereitung und Anwendung:
Die Petersilie mit dem Wasser übergießen, nach dem Abkühlen abseihen.
Dabei die Pflanzenrückstände gut auspressen.
Ein Gästehandtuch in die Flüssigkeit tauchen, auswringen und auf das gereinigte Gesicht legen.
1/4 Stunde einwirken lassen.
Bei regelmäßiger Anwendung ist dies ein wirksames Mittel zur Behandlung fettiger und unreiner Haut.

Petersilien-Gesichtslotion

Betupfen Sie Pickel und Mitesser regelmäßig mit frisch ausgepreßtem Petersiliensaft.

Petersilien-Gesichtswasser

Zutaten:

2 EL frische Petersilie

1 Tasse heißer Pfefferminztee

Zubereitung und Anwendung:

Die Petersilie mit dem Pfefferminztee übergießen.

1/2 Stunde lang zugedeckt ziehen lassen, dann durch Kaffeefilterpapier abseihen.

Die Flüssigkeit in eine Flasche abfüllen und das Gesicht nach jedem Waschen damit sanft massieren.

Das Gesichtswasser muß alle 3 bis 4 Tage neu angesetzt werden.

Dieses Gesichtswasser ist sehr wirksam zur Behandlung fettiger, unreiner Haut.

Behandlung roter Äderchen mit Petersilie

Auch rote Äderchen auf Wangen und Nase können mit Petersilie behandelt werden.

Legen Sie einen Bund Petersilie einen Tag lang in etwas Wasser und befeuchten Sie mit diesem Wasser immer wieder die betroffenen Hautstellen.

Legen Sie zusätzlich mehrmals in der Woche frisch gehackte Petersilie aufs Gesicht, decken Sie diese mit einer feuchtwarmen Kompresse ab, und lassen Sie dies 1/4 Stunde lang einwirken.

Dann lauwarm abwaschen.

Alle diese Behandlungen sind übrigens auch wirksam zur Bleichung von Sommersprossen.

Petersilien-Halspackung

Zutaten:

2 Handvoll Petersilie

1/4 l heiße Milch

Zubereitung und Anwendung:

Die Petersilie mit der Milch übergießen und einige Minuten lang ziehen lassen

Dann durch ein Haarsieb abgießen.
In die Petersilienmilch ein Handtuch tauchen, auswringen und so heiß wie möglich um den Hals wickeln.
Nach dem Abkühlen abnehmen und den Hals mit Nährcreme massieren.
Dieser Halswickel ist bei regelmäßiger Anwendung sehr wirksam gegen Halsfalten.

Pfefferminze

Pfefferminztee ist nicht nur ein gesundes und wohlschmeckendes Getränk, sondern eignet sich auch hervorragend zur Hautpflege. Die Pfefferminze enthält ätherische Öle – vor allem das aromatisch duftende Menthol – sowie Gerb- und Bitterstoffe.

Hildegards Rezepte:
Hildegard von Bingen unterscheidet in ihrer *Physica* mehrere Minzesorten, wie wir sie ja auch heute kennen. Gemeinsam ist allen Sorten, daß sie nach Hildegards Definition mehr Kälte als Wärme enthalten. Sie empfiehlt die Minze vor allem gegen Lungen- und Atemwegsbeschwerden sowie gegen Gicht. Entsprechende Rezepte finden Sie in der *Gesundheitsfibel.* Weitere Informationen über die Minze finden Sie im Band *Kräuter- und Pflanzenkunde.*

Weitere Rezepte:
Pfefferminz-Gesichtsdampfbad
Zutaten:
1 Handvoll getrocknete Pfefferminze (oder 2 Teebeutel)
2 l kochendes Wasser
Zubereitung und Anwendung:
Die Pfefferminze mit dem Wasser übergießen und ein großes Handtuch über Schüssel und Kopf legen, damit die pflegenden Dämpfe nicht verlorengehen.

Dieses hautklärende Gesichtsdampfbad ist vor allem geeignet zur Behandlung der fettigen, unreinen und großporigen Gesichtshaut.

Pfefferminz-Gesichtswasser

Zutaten:

1 Handvoll getrocknete Pfefferminze (oder 2 Teebeutel)

1/4 l Wasser

1/4 l Obstessig

1 EL Rosenwasser (in der Apotheke erhältlich)

Zubereitung und Anwendung:

Die Pfefferminze mit dem Wasser übergießen und einige Minuten kochen lassen.

Nach dem Abkühlen durch Kaffeefilterpapier abseihen, dabei die Pflanzenrückstände gut auspressen.

Den Pfefferminztee nach dem Abkühlen mit dem Obstessig mischen und das Rosenwasser dazugeben.

In eine Flasche abfüllen und zur täglichen Gesichtsreinigung verwenden.

Dieses Gesichtswasser ist besonders gut geeignet zur Behandlung der fettigen, unreinen und großporigen Haut.

Pfefferminz-Augenkompressen

Zutaten:

2 Pfefferminzteebeutel

Zubereitung und Anwendung:

Die Teebeutel in lauwarmem Wasser anfeuchten und auf die Augen legen.

10 Minuten einwirken lassen.

Diese Kompressen wirken nicht nur besänftigend auf brennende Augen, sondern können bei regelmäßiger Anwendung auch Krähenfüße mildern.

Pfefferminz-Körperöl

Zutaten:

2 Handvoll getrocknete Pfefferminze

1/2 l Olivenöl (aus der Apotheke)

Zubereitung und Anwendung:
Die Pfefferminze mit dem Olivenöl übergießen und in einem luftdicht verschlossenen Glas 1 Woche lang an einem warmen Ort (sonnige Fensterbank, Heizungsnähe) stehen lassen.
Dann durch Kaffeefilterpapier abgießen und die Pflanzenrückstände gut auspressen.
Das Öl in eine dunkle Flasche abfüllen.
Dieses Körperöl pflegt nicht nur, sondern wirkt auch straffend auf die Haut.

Pfefferminz-Haarwasser
Zutaten:
1 Handvoll getrocknete oder frische Pfefferminze
1 Tasse Obstessig
2 Tassen Wasser
Zubereitung und Anwendung:
Die Pfefferminze mit dem Obstessig und dem Wasser übergießen und 10 Minuten lang auf kleiner Flamme köcheln lassen.
Durch Kaffeefilterpapier abseihen und die Flüssigkeit in eine Flasche füllen.
Mit diesem Haarwasser täglich die Kopfhaut massieren.
Dieses Haarwasser ist ein wirksames Schuppenmittel.
Wichtig: Das Haarwasser ist *nicht* für blondes Haar geeignet, weil es zu unliebsamen Verfärbungen kommen könnte.

Rosmarin

Rosmarin ist nicht nur ein vielseitig verwendbares Gewürz, sondern es eignet sich auch für verschiedene kosmetische Zwecke. Es enthält ätherische Öle und außerdem Gerb- und Bitterstoffe. Rosmarin regt die Hautdurchblutung an.

Hildegards Rezepte:
Es ist interessant, daß Hildegard von Bingen in ihrer *Physica* den Rosmarin, der auch schon zu ihrer Zeit als bedeutende

Heilpflanze galt, nicht erwähnt. Informationen über den Rosmarin und auch über seinen Anbau finden Sie im Band *Kräuter- und Pflanzenkunde.*

Weitere Rezepte:

Rosmarin-Gesichtsdampfbad

Zutaten:
2 EL Rosmarin
2 l kochendes Wasser
Zubereitung und Anwendung:
Den Rosmarin mit dem Wasser übergießen, über Schüssel und Kopf ein großes Handtuch legen, damit nichts von den pflegenden Dämpfen verlorengeht.
Dieses Gesichtsdampfbad macht müde, älter werdende Haut zart und weich, eignet sich aber auch wegen seiner durchblutungsfördernden Eigenschaften zur Behandlung fettiger und unreiner Haut.

Rosmarin-Gesichtswasser

Zutaten:
1 Handvoll Rosmarin
1/2 l Wasser
Zubereitung und Anwendung:
Den Rosmarin mit dem Wasser kurz aufkochen lassen, 1/2 Stunde zugedeckt ziehen lassen, dann durch Kaffeefilterpapier abgießen und in eine dunkle Flasche abfüllen.
Das Gesicht morgens und abends mit diesem Gesichtswasser abtupfen.
Rosmarin-Gesichtswasser ist besonders wirksam zur Pflege fettiger und unreiner Haut.

Rosmarin-Halspackung

Zutaten:
1 Handvoll Rosmarin
1/4 l heiße Milch

Zubereitung und Anwendung:
Den Rosmarin mit der Milch übergießen und zugedeckt einige Minuten ziehen lassen.
Abseihen und ein Gästehandtuch in die Rosmarinmilch tauchen.
Das Handtuch so heiß wie möglich um den Hals wickeln.
Nach dem Abkühlen abnehmen und den Hals sanft mit Nährcreme einmassieren.
Bei regelmäßiger Anwendung wirkt dieser Wickel gegen Halsfalten.

Rosmarin-Haarspülung

Zutaten:
1 Handvoll Rosmarin
1/4 l kochendes Wasser
Zubereitung und Anwendung:
Rosmarin mit dem Wasser übergießen, 2 Stunden lang zugedeckt ziehen lassen, durch Kaffeefilterpapier abseihen.
Als letzte Spülung nach dem Haarewaschen verwenden und gut in die Kopfhaut einmassieren.
Diese Haarspülung ist besonders geeignet zur Pflege von fettigem, schuppigem Haar.
Wichtig: Diese Haarspülung ist *nicht* für blondes Haar geeignet, weil es zu unliebsamen Verfärbungen kommen könnte.

Rosmarin-Fußbad

Zutaten:
1 Handvoll Rosmarin
1/2 l kochendes Wasser
Zubereitung und Anwendung:
Rosmarin mit dem Wasser übergießen, 1/4 Stunde lang ziehen lassen, dann abseihen und dem Fußbad zusetzen.
Bei regelmäßiger Anwendung wirken diese Bäder gegen unangenehmen Fußgeruch.

Rosmarin-Körpertonikum
Zutaten:
1 TL Rosmarinöl
100 g destilliertes Wasser (beides in der Apotheke erhältlich)
Zubereitung und Anwendung:
Geben Sie das Rosmarinöl in das destillierte Wasser und füllen Sie die Flüssigkeit in eine dunkle Flasche ab.
Vor Gebrauch gut durchschütteln. Nach dem Bad den ganzen Körper damit einreiben.
Dieses Tonikum wirkt belebend und pflegend für jeden Hauttyp.

Salbei

Salbei enthält neben ätherischen Ölen auch Gerbstoffe und wertvolle Harze. Deshalb ist er nicht nur ein gesundes Würzmittel, sondern kann auch für die Schönheitspflege verwendet werden.

Hildegards Rezepte:
Hildegard von Bingen schreibt:

> „Der Salbei ist von warmer und trockener Natur, und er wächst mehr infolge der Sonnenwärme als infolge der Feuchtigkeit der Erde.“ (*Physica*)

Sie empfiehlt ihn vor allem zur Behandlung von Gicht und Appetitlosigkeit. Entsprechende Rezepte finden Sie in der *Gesundheitsfibel.* Über Anbau und Wirksamkeit des Salbeis finden Sie weitere Hinweise im Band *Pflanzen- und Kräuterkunde.*

Weitere Rezepte:

Salbei-Badezusatz
Zutaten:
4 EL Salbei
1 l Wasser

Zubereitung und Anwendung:
Salbei im Wasser zum Kochen bringen, 10 Minuten lang ziehen lassen, durch Kaffeefilterpapier abseihen.
Die Flüssigkeit dem Badewasser beigeben.
Salbeibäder sind ein gutes Mittel gegen fettige Körperhaut und wirken gleichzeitig schweißhemmend.

Salbei-Haarspülung

Zutaten:
1 TL Salbei
1 Tasse kochendes Wasser
Zubereitung und Anwendung:
Salbei mit dem Wasser übergießen, 10 Minuten ziehen lassen, dann durch Kaffeefilterpaier abseihen.
Den Aufguß als letzte Spülung nach dem Haarewaschen verwenden.
Wichtig: Die Salbeispülung sollte *nicht* für blondes Haar verwendet werden, weil es zu unliebsamen Verfärbungen kommen könnte.

Salbei-Handbad

Zutaten:
1 Handvoll Salbei
1 l kochendes Wasser
Zubereitung und Anwendung:
Übergießen Sie den Salbei mit dem kochenden Wasser.
Nach dem Abkühlen abseihen und die Hände ausgiebig darin baden.
Dieses Handbad wirkt nicht nur pflegend, sondern kann auch gegen feuchte, schwitzende Hände helfen.

Thymian

Thymian enthält ätherische Öle, Bitter- und Gerbstoffe sowie antibiotisch wirksame Substanzen. Thymian ist nicht nur ein gesundes Gewürz, sondern kann auch wirksam für die Schönheitspflege eingesetzt werden.

Hildegards Rezepte:
Hildegard von Bingen beschreibt den Thymian in ihrer *Physica* als von Natur aus warm und trocken. Sie empfiehlt ihn ganz allgemein gegen Hauterkrankungen, beispielsweise gegen die Lepra. Angaben über den Anbau und die Verwendung von Thymian finden Sie im Band *Pflanzen- und Kräuterkunde.*

Weitere Rezepte:

Thymian-Gesichtskompresse

Zutaten:
2 EL Thymian
1/4 l kochendes Wasser

Zubereitung und Anwendung:
Den Thymian mit dem Wasser übergießen, zugedeckt 10 Minuten ziehen lassen.
Dann durch Kaffeefilterpapier abseihen, in den Aufguß ein Gästehandtuch tauchen und auswringen.
Dieses auf das gereinigte Gesicht legen und 15 Minuten einwirken lassen.
Die Kompresse wirkt bei regelmäßiger Anwendung gegen Pickel und unreine Haut.

Thymian-Handbad

Zutaten:
1 Handvoll Thymian
1/2 l kochendes Wasser
1 Msp. Alaun (in der Apotheke erhältlich)

Zubereitung und Anwendung:
Den Thymian mit dem Wasser übergießen.
Über Nacht zugedeckt stehenlassen.
Am nächsten Tag durch Kaffeefilterpapier abseihen und den Alaun beifügen.
Täglich mehrmals die Hände darin baden – dadurch werden nicht nur rissige, aufgesprungene Hände wieder zart und glatt,

sondern man kann auch schwitzende Hände damit wirksam behandeln.

Thymian-Fußbad

Zutaten:

1 Handvoll Thymian

1/2 l kochendes Wasser

Zubereitung und Anwendung:

Den Thymian mit dem kochenden Wasser übergießen und 1/4 Stunde lang ziehen lassen.

Dann durch Kaffeefilterpapier abseihen und dem Fußbad zusetzen.

Bei regelmäßiger Anwendung wirkt dieses Fußbad gegen unangenehmen Fußgeruch.

Schönheitspflege mit Wildkräutern

Akelei

Die Akelei gehört zu den Hahnenfußgewächsen. Sie enthält Schleimstoffe und Öle, die sich besonders zur Behandlung unreiner Haut eignen. Die Akelei enthält außerdem Giftstoffe – deshalb sollten Sie sie unbedingt nur äußerlich anwenden.

Hildegards Rezepte:
Hildegard von Bingen empfiehlt zwar in ihrer *Physica*, Akelei in verschiedenen Zubereitungen innerlich anzuwenden. Aufgrund des Giftgehaltes sollten Sie aber von diesen Rezepten absehen und sich auf die äußere Behandlung beschränken!

Weitere Rezepte:
Akelei-Gesichtswasser
Zutaten:
1 kleine Handvoll Akeleiblüten
1/4 l Weißwein
Zubereitung:
Die Akeleiblüten mit dem Weißwein übergießen, kurz aufkochen und 1/2 Stunde ziehen lassen.
Dann durch Kaffeefilterpapier abseihen und in eine dunkle Flasche abfüllen.
Das Gesicht mehrmals täglich mit der Flüssigkeit betupfen.
Dieses Gesichtswasser ist sehr wirksam bei der Behandlung unreiner Haut.

Alant

Der Alant gehört zur Gattung der Korbblütler. Für die Schönheitspflege ist vor allem seine Wurzel interessant, die Inulin, Azulen, Alantsäure und ätherische Öle enthält.

Hildegards Rezepte:
Hildegard von Bingen schreibt über den Alant:

„Er ist von Natur aus trocken und warm und enthält nützliche Kräfte." (*Physica)*

Sie empfiehlt ihn vor allem gegen Lungenleiden und Migräne. Entsprechende Rezepte finden Sie in der *Gesundheitsfibel.*

Weitere Rezepte:

Alant-Gesichtswasser

Zutaten:
2 EL zerkleinerte Alantwurzeln (aus der Apotheke)
1/4 l Wasser

Zubereitung und Anwendung:
Die Alantwurzeln 10 Minuten in dem Wasser leise köcheln lassen.
Danach 1 Stunde lang ziehen lassen und durch Kaffeefilterpapier abseihen.
Das Gesicht mehrmals täglich mit dieser Flüssigkeit betupfen.
Das Alant-Gesichtswasser ist besonders wirksam gegen unreine Haut und Akne.

Alant-Haarspülung

Die Haarspülung wird genauso zubereitet wie das Alant-Gesichtswasser und als letzte Spülung nach dem Haarewaschen verwendet.
Bei regelmäßiger Anwendung wird dadurch die Haarstruktur verbessert und gekräftigt, deshalb ist diese Spülung besonders gut geeignet zur Behandlung von trockenem und sprödem Haar.
Wichtig: Die Spülung sollte *nicht* für blondes Haar verwendet werden, da es zu unliebsamen Verfärbungen kommen könnte.

Arnika

Arnika enthält ätherische Öle und Gerbstoffe. Die Arnika ist durchblutungsfördernd und deshalb besonders gut geeignet zur

Behandlung von unreiner Haut. Arnika steht unter *Naturschutz* – deshalb sollten Sie die getrockneten Blüten in der Apotheke kaufen.

Hildegards Rezepte:

> „Die Arnika ist ihrer Natur nach sehr warm und hat eine giftige Wärme in sich." (*Physica*)

Sie hält diese Pflanze lediglich für einen betörenden Liebeszauber:

> „Wenn ein Mann oder eine Frau in Begierde brennt, und wenn ein Mensch jenen oder jene an der Haut mit grüner Arnika berührt, wird er in Liebe zu ihm entbrennen. Und nachdem dann jenes Kraut vertrocknet ist, wird der Mann oder die Frau, die mit diesem Kraut berührt worden ist, von jener Liebe ... beinahe betört, so daß er fortan dumm sein wird." (*Physica*)

Aber obwohl die Arnika wegen der in ihr enthaltenen Giftstoffe nicht innerlich verwendet werden sollte und nach Hildegards Angaben als frisches Kraut möglicherweise Zauberkräfte entfalten kann, ist sie doch für die natürliche Schönheitspflege ein seit alters her bewährtes Mittel.

Weitere Rezepte:

Arnika-Gesichtsdampfbad

Zutaten:
1 Handvoll getrocknete Arnikablüten
2 l kochendes Wasser

Zubereitung und Anwendung:
Die Arnikablüten mit dem kochenden Wasser übergießen. Schüssel und Kopf gut mit einem großen Handtuch bedecken, damit die pflegenden Dämpfe nicht entweichen können.

Arnika-Haarspülung

Zutaten:
1 Handvoll Arnikablüten
1/4 l kochendes Wasser

Zubereitung und Anwendung:
Die Arnikablüten mit dem Wasser übergießen und zugedeckt 1 Stunde lang ziehen lassen.
Dann durch Kaffeefilterpapier abseihen und als letzte Spülung nach dem Haarewaschen verwenden.
Die Flüssigkeit gut in Kopfhaut und Haare einmassieren.
Diese Spülung wirkt gegen fettiges Haar und ist besonders gut für blondes Haar geeignet.

Beinwell

Dieses zu den Borretschgewächsen gehörende Heilkraut enthält neben ätherischen Ölen das heilungsfördernde Allantoin. Wie sein Name schon sagt, wurde es früher viel als unterstützendes Heilmittel bei Knochenbrüchen und anderen Verletzungen verwendet.

Hildegards Rezepte:
Hildegard von Bingen schreibt über den Beinwell, daß man diesen nicht ohne Vernunft essen solle. Sonst könne es vorkommen, daß ein verwundetes oder „geschwüriges" Glied zwar äußerlich geheilt werde, die krank machenden Schleime aber nach innen geleitet würden:

> „Das hat eine Ähnlichkeit, wie wenn Steine in eine große Grube geworfen werden, damit sie das Wasser am Ausfließen hindern ... Und wenn so das Wasser nicht ausfließen kann, bleibt es in der Tiefe sitzen. Und auf diese Weise werden Würmlein und allerlei Schlimmes innen bleiben, wenn sie verhindert werden auszufließen. So heilt der Beinwell, wenn er nicht in rechter Weise gegessen wird, die Geschwüre äußerlich, und allerlei Fauliges schickt er nach innen." (*Physica*)

Leider äußert sich Hildegard von Bingen nicht über die richtige Zubereitung des Beinwells, der neben seinen heilenden Eigenschaften auch noch ein wohlschmeckendes Wildgemüse ist, das sich auch im Garten ziehen läßt. Auch über die äußere Anwendung finden sich bei Hildegard von Bingen keine Angaben.

Weitere Rezepte:

Beinwell-Gesichtskompresse
Zutaten:
2 TL Beinwellwurzeln
1/4 l Wasser
Zubereitung und Anwendung:
Die Beinwellwurzeln in dem Wasser aufkochen, 1/4 Stunde lang ziehen lassen, abseihen.
In die Flüssigkeit ein Gästehandtuch tauchen, auswringen und auf das gereinigte Gesicht legen.
1/4 Stunde einwirken lassen.
Diese Kompressen wirken lindernd und heilend bei empfindlicher, zu Entzündungen neigender Haut.

Beinwell-Hautlotion
Zutaten:
2 EL Beinwellwurzeln
1/4 l Wasser
1/4 l starker Schwarztee
Zubereitung und Anwendung:
Die Beinwellwurzeln in dem Wasser aufkochen, 1/4 Stunde ziehen lassen, abseihen.
Die Flüssigkeit mit dem Schwarztee mischen und in eine Flasche abfüllen.
Damit die Haut betupfen.
Diese Hautlotion ist bei Entzündungen und vor allem bei Sonnenbrand ein linderndes Mittel.

Brennessel

Die Brennessel ist sehr vielseitig verwendbar: Sie dient der Gesundheit (dazu finden Sie Näheres in der *Gesundheitsfibel*), kann als schmackhaftes Gemüse verwendet werden (Rezepte finden Sie im Band *Küche aus der Natur*) und ist nicht zuletzt ein billiges, aber wirksames Schönheitsmittel. Brennesseln enthalten Chlorophyll, Schwefel, Kieselsäure, Gerbsäure, Enzyme sowie die Vitamine A und C. Nähere Einzelheiten über die Brennessel erfahren Sie in *Pflanzen- und Kräuterkunde.*

Hildegards Rezepte:
Hildegard von Bingen beschreibt die Brennessel in ihrer *Physica* als „in ihrer Art sehr warm". Sie rät davon ab, sie wegen ihrer Rauheit roh zu verzehren. Rezepte zur äußeren Anwendung der Brennessel gibt sie leider nicht an.

Weitere Rezepte:
Brennessel-Haarkur
Zutaten:
1 Handvoll Brennesseln
1/4 l Obstessig
Zubereitung und Anwendung:
Den Obstessig aufkochen lassen, die Brennesseln damit übergießen.
1/2 Stunde ziehen lassen, dann durch Kaffeefilterpapier abseihen.
Mit dieser Flüssigkeit das Haar jeden zweiten Abend leicht durchwaschen und abtrocknen.
Anschließend die Haarwurzeln mit etwas Klettenwurzelöl (in der Apotheke erhältlich) massieren.
Diese Haarkur wirkt gegen Haarausfall.
Brennessel-Haarwasser
Zutaten:
3 Handvoll ganze Brennesseln (Blätter, Stengel und Wurzeln)
1/2 l Weinessig
2 EL Glyzerin (in der Apotheke erhältlich)

Zubereitung und Anwendung:
Die Brennesseln sorgfältig reinigen und zerkleinern.
Mit dem Weinessig übergießen und 1 Woche lang zugedeckt stehenlassen.
Abseihen, Glyzerin darunterrühren und in eine Flasche abfüllen.
Mehrmals wöchentlich die Kopfhaut mit dieser Flüssigkeit massieren.
Dieses Haarwasser ist besonders wirksam gegen Schuppen.

Brennessel-Haarspülung
Zutaten:
1 EL getrocknete Brennesseln
1 Tasse kochendes Wasser
Zubereitung und Anwendung:
Die Brennesseln mit dem Wasser übergießen, nach dem Abkühlen durch Kaffeefilterpapier abseihen.
Als letzte Haarspülung nach dem Waschen verwenden.
Diese Spülung ist besonders wirksam gegen Schuppen und fettiges Haar.
Wichtig: Alle Haarpflegemittel, die mit Brennesselblättern zubereitet werden, sind *nicht* geeignet für blondes Haar, weil es möglicherweise zu unliebsamen Verfärbungen kommen kann.

Brennessel-Wimpern- und Brauenlotion
Zutaten: 2 EL Brennesselblätter
100 ml Wasser
1 EL Rizinusöl (in der Apotheke erhältlich)
Zubereitung und Anwendung:
Die Brennesseln in dem Wasser 5 Minuten lang kochen lassen, abkühlen lassen.
Durch Kaffeefilterpapier abseihen, dabei die Kräuter gut ausdrücken.
1 Eßlöffel dieser Flüssigkeit mit dem Rizinusöl verrühren.
Die Mischung jeden 2. Abend mit einem kleinen Bürstchen (Brauenbürste oder kleine weiche Zahnbürste) auf Wimpern und Augenbrauen auftragen.

Diese Lotion läßt Brauen und Wimpern länger und dichter wachsen.

Brennessel-Gesichtskompresse

Zutaten:

1 Handvoll Brennesselblätter

1/4 l kochendes Wasser

Zubereitung und Anwendung:

Die Brennesseln mit dem Wasser übergießen, 10 Minuten ziehen lassen, dann abseihen, ein Gästehandtuch in die Flüssigkeit eintauchen und auswringen.

Dieses auf das gereinigte Gesicht auflegen und 1/4 Stunde lang einwirken lassen.

Diese Kompresse wirkt gegen fettige, unreine Haut sowie gegen Pickel und Mitesser.

Brunnenkresse

Die Brunnenkresse enthält Jod, Eisen und weitere Mineralstoffe. Der frisch gepreßte Saft (oder der fertige Saft aus dem Reformhaus) eignet sich sowohl für die innere als auch für die äußere Anwendung und bewirkt einen frischen, reinen Teint. Gegen Pickel und Mitesser eignet sich besonders ein Tee aus frischen Brunnenkresseblättern.

Hildegards Rezepte:

Hildegard von Bingen empfiehlt die Brunnenkresse in ihrer *Physica* vor allem gegen Fiebererkrankungen und Gelbsucht. Die entsprechenden Rezepte finden Sie im Band *Gesundheitsfibel.* Über die äußere Anwendung der Brunnenkresse gibt es bei ihr leider keine Angaben.

Weitere Rezepte:

Brunnenkresse-Gesichtswasser

Brunnenkressesaft – mit einem Wattebausch auf unreine Hautpartien getupft – wirkt reinigend und klärend und soll bei regelmäßiger Anwendung sogar Sommersprossen beseitigen.

Brunnenkresse-Gesichtskompresse

Zutaten:

1 Handvoll Brunnenkresse

1/4 l kochendes Wasser

Zubereitung und Anwendung:

Die Brunnenkresse mit dem Wasser übergießen, 10 Minuten lang ziehen lassen, dann durch ein Haarsieb abseihen.

In die Flüssigkeit ein Gästehandtuch tauchen, auswringen und auf das gereinigte Gesicht legen. 1/4 Stunde lang einwirken lassen.

Brunnenkresse-Behandlung von Altersflecken

Zutaten:

1 TL Honig

3 EL Brunnenkressesaft

Zubereitung und Anwendung:

Den Honig im Wasserbad erwärmen und mit dem Brunnenkressesaft verrühren.

Auf die verfärbten Hautstellen auftragen, nach 1 Stunde warm abwaschen.

Die Behandlung mehrmals wöchentlich wiederholen.

Brunnenkresse-Halspackung

Zutaten:

2 Handvoll Brunnenkresseblätter

1/2 l heiße Milch

Zubereitung und Anwendung:

Die Brunnenkresseblätter mit der Milch übergießen, kurz ziehen lassen, dann durch ein Haarsieb abgießen.

In die noch heiße Kressemilch ein Handtuch tauchen und um den Hals wickeln.

Nach dem Abkühlen den Hals mit Nährcreme massieren.
Diese Packung wirkt bei regelmäßiger Anwendung gegen Halsfalten.

Efeu

Die zehrende Wirkung von Efeublättern läßt sich auf mancherlei Weise für die Schönheitspflege nutzen. Der besondere Wirkstoff des Efeus, das Hederin, ist ein anerkanntes Mittel gegen die Zellulitis.

Hildegards Rezepte:

„Der Efeu ist seiner Natur nach mehr kalt als warm, und er ist für den Menschen unnütz zu essen." (*Physica*)

Da der Efeu Giftstoffe enthält, ist von einer inneren Anwendung dringend abzuraten. Hildegard von Bingen empfiehlt den Efeu vor allem zur Behandlung der Gelbsucht.

Weitere Rezepte:

Efeu-Hühneraugenpflaster

Zutaten:
1 Handvoll Efeublätter
1 Heftpflaster
Zubereitung und Anwendung:
Die Efeublätter zerquetschen und auf das Hühnerauge legen.
Mit einer Mullbinde oder einem Pflaster befestigen und über Nacht einwirken lassen.
Die Behandlung wiederholen, bis das Hühnerauge sich ablöst.

Efeu-Kompressen

Zutaten:

50 g Leinsamen

30 g Efeublätter

1/2 l Wasser

Zubereitung und Anwendung:

Leinsamen und Efeublätter 1/4 Stunde lang in dem Wasser kochen und nach dem Abkühlen abseihen.

Mit dem Sud mehrmals täglich die Haut betupfen oder Kompressen auflegen.

Diese Behandlung eignet sich besonders für unreine, entzündete Haut und Ekzeme.

Efeu-Zellulitis-Behandlung 1

Zutaten:

1 Handvoll Efeublätter

1 l Wasser

Zubereitung und Anwendung:

Die Efeublätter 10 Minuten lang in dem Wasser köcheln lassen, durch ein Sieb ins Badewasser gießen.

Efeu-Zellulitis-Behandlung 2

Zutaten:

2 Handvoll frische Efeublätter

Zubereitung und Anwendung:

Die Efeublätter zerreiben und direkt in die Haut einmassieren. Danach duschen.

Efeu-Zellulitis-Behandlung 3

Zutaten:

2 Handvoll frische Efeublätter, Mulltücher

Zubereitung und Anwendung:

Die Efeublätter zerreiben, zwischen Mulltücher legen und mehrere Stunden lang als Kompressen auf die betroffenen Hautstellen auflegen.

Holunder

Holunderblüten enthalten ätherische Öle, Schleimstoffe und Gerbstoffe. Früher galt der Holunder als „die Apotheke des armen Mannes“, weil der Strauch in allen seinen Teilen so viele heilsame Stoffe enthält. Nähere Angaben über den Holunder finden Sie in der *Kräuter- und Pflanzenkunde.*

Hildegards Rezepte:

> „Der Holunder ist seiner Natur nach mehr warm als kalt und taugt wenig zum Gebrauch des Menschen.“ (*Physica*)

Aber sie empfiehlt ihn zumindest zur Behandlung der Gicht – zum einen als Schwitzbad, zum anderen als Wein. Entsprechende Rezepte finden Sie in der *Gesundheitsfibel.*

Weitere Rezepte:

Holunder-Gesichtsdampfbad

Zutaten:
1 Handvoll Holunderblüten
2 l kochendes Wasser
Zubereitung und Anwendung:
Die Holunderblüten mit dem Wasser übergießen und Schüssel und Kopf mit einem großen Handtuch bedecken, damit nichts von den pflegenden Dämpfen verlorengeht.
Dieses Gesichtsdampfbad ist besonders gut geeignet zur Behandlung der unreinen Haut.

Holunder-Gesichtswasser

Zutaten:
3 Handvoll Holunderblüten
1/4 l kochendes Wasser
abgefilterter Saft einer halben Zitrone
Zubereitung und Anwendung:
Die Holunderblüten mit dem kochenden Wasser übergießen, so daß sie gut bedeckt sind.

Zugedeckt 24 Stunden lang stehenlassen, durch Kaffeefilterpapier abseihen und den Zitronensaft dazugeben.
In eine dunkle Flasche abfüllen und kühl aufbewahren.
Dieses Gesichtswasser ist sehr wirksam zur Behandlung unreiner Haut.

Huflattich

Der Huflattich enthält Gerbstoffe, Schleimstoffe und Schwefel, außerdem etwas Inulin.

Hildegards Rezepte:
Hildegard von Bingen unterscheidet in ihrer *Physica* zwischen dem großblättrigen und dem kleinen Huflattich. Ersterer ist, wie sie schreibt, seiner Natur nach eher kalt und feucht – „deshalb wächst er stark". Der kleine Huflattich dagegen sei seiner Natur nach warm. Während Hildegard den großblättrigen Huflattich zur äußeren Anwendung gegen Geschwüre empfiehlt, gibt sie für den kleinblättrigen Huflattich eine Empfehlung zur Behandlung von Lebererkrankungen an. Entsprechende Rezepte finden Sie im Band *Gesundheitsfibel.*
Bei den folgenden Rezepten können Sie sich an den bei uns am meisten vorkommenden großblätterigen Huflattich halten, den Sie entweder selbst sammeln oder als getrocknetes Kraut in der Apotheke erhalten.

Weitere Rezepte:
Huflattich-Gesichtskompresse
Zutaten:
3 EL getrocknete Huflattichblätter
1/4 l kochendes Wasser
Zubereitung und Anwendung:
Die Huflattichblätter mit dem Wasser übergießen.
10 Minuten lang ziehen lassen und durch ein Haarsieb abgießen.
In die Flüssigkeit ein Gästehandtuch tauchen, auswringen und auf das gereinigte Gesicht legen.

Eine Viertelstunde lang einwirken lassen.
Diese Kompressen sind bei regelmäßiger Anwendung besonders gut geeignet zur Behandlung roter Gesichtsäderchen.

Huflattich-Gesichtsdampfbad

Zutaten:
1 Handvoll getrocknete Huflattichblätter
2 l kochendes Wasser
Zubereitung und Anwendung:
Den Huflattich mit dem Wasser übergießen und die Schüssel und den Kopf gut mit einem großen Handtuch bedecken, damit die pflegenden Dämpfe nicht entweichen können.
Dieses Gesichtsdampfbad ist besonders gut geeignet zur Pflege der fettigen und unreinen Haut.

Johanniskraut

Johanniskraut enthält ätherische Öle und außerdem das hautstraffende Pektin. Durch seinen Gehalt an Bitterstoffen und Gerbstoffen ist es besonders geeignet zur Pflege fettiger und unreiner Haut. Weitere Hinweise über das Johanniskraut finden Sie in der *Pflanzen- und Kräuterkunde.*

Hildegards Rezepte:
Hildegard von Bingen widmet dem Johanniskraut in ihrer *Physica* nur einige wenige Sätze, in denen sie es lediglich als Viehfutter empfiehlt. Das ist um so erstaunlicher, als das Johanniskraut besonders im mitteleuropäischen Bereich seit Jahrtausenden eine für die Gesundheits- und Schönheitspflege besonders geschätzte Pflanze ist. Auch viele magische und religiöse Traditionen sind damit verbunden.

> „Das Johanniskraut ist seiner Natur nach kalt und taugt für das Vieh auf der Weide. Für medizinische Zwecke ist es jedoch nicht geeignet, weil es ein verwildertes und vernachlässigtes Kräutlein ist.“ (*Physica*)

Weitere Rezepte:

Johanniskraut-Gesichtsdampfbad

Zutaten:

1 Handvoll Johanniskraut

2 l kochendes Wasser

Zubereitung und Anwendung:

Das Johanniskraut mit dem kochenden Wasser übergießen, Schüssel und Kopf mit einem großen Handtuch bedecken, damit die pflegenden Dämpfe nicht entweichen können.

Dieses Dampfbad ist besonders gut geeignet zur Pflege fettiger und unreiner Haut.

Johanniskraut-Gesichtskompresse

Zutaten:

1 Handvoll Johanniskraut

1/4 l kochendes Wasser

Zubereitung und Anwendung:

Das Johanniskraut mit dem kochenden Wasser übergießen, 1/4 Stunde lang ziehen lassen, dann durch Kaffeefilterpapier abseihen.

In den Aufguß ein Gästehandtuch tauchen, auswringen und auf das gereinigte Gesicht auflegen.

1/4 Stunde lang einwirken lassen.

Diese Kompresse ist vor allem zur Behandlung fettiger und unreiner Haut geeignet.

Johanniskraut-Gesichtspackung

Zutaten:

2 EL Johanniskrautöl (in der Apotheke erhältlich)

1 Eigelb

1 Spritzer Zitronensaft

Zubereitung und Anwendung:

Das Johanniskrautöl tropfenweise unter das Eigelb rühren, den Zitronensaft dazugeben.

Mit dem Pinsel auf das gereinigte Gesicht auftragen.

1/2 Stunde lang einwirken lassen, warm abwaschen und kalt nachspülen.
Diese Gesichtspackung ist besonders geeignet zur Pflege fettiger und unreiner Haut.

Johanniskraut-Badezusatz
Zutaten:
100 g Johanniskraut
1 l kochendes Wasser
Zubereitung und Anwendung:
Das Johannniskraut mit dem kochenden Wasser übergießen, 1/2 Stunde lang ziehen lassen, abseihen.
Den Aufguß dem Badewasser zusetzen.
Dieser Badezusatz fördert die Blutzirkulation und macht die Haut frisch und elastisch.

Kamille

Die Kamille ist eine der wertvollsten und vielseitigsten Schönheitspflanzen. Durch ihren hohen Gehalt an ätherischen Ölen (besonders dem kostbaren Azulen) hat ihre Anwendung eine besonders pflegende Wirkung. Weitere Angaben zur Kamille finden Sie in der *Pflanzen- und Kräuterkunde*.

Hildegards Rezepte:
Hildegard von Bingen schreibt:

> „Die Kamille ist ihrer Natur nach warm und hat einen angenehmen Saft." (*Physica*)

Sie empfiehlt sie vor allem bei Magenbeschwerden – das entsprechende Rezept finden Sie in der *Gesundheitsfibel* – und gegen Menstruationsbeschwerden. Dieses Rezept ist im Band *Frauenheilkunde* angegeben. Leider sagt Hildegard nichts über die äußere Anwendung der Kamille, obwohl diese bereits zu ihrer Zeit ein vielverwendetes Schönheitsmittel war.

Weitere Rezepte:

Kamillen-Gesichtsdampfbad

Zutaten:

1 Handvoll Kamillenblüten

2 l kochendes Wasser

Zubereitung und Anwendung:

Die Kamillenblüten mit dem Wasser übergießen und Kopf und Schüssel mit einem großen Handtuch bedecken, damit nichts von den pflegenden Dämpfen verlorengeht.

Dieses Dampfbad ist für jeden Hauttyp geeignet, besonders aber bei Pickeln und Mitessern.

Kamillen-Augenkompressen

Zutaten:

2 Kamillenteebeutel

Zubereitung und Anwendung:

Die Kamillenteebeutel anfeuchten und als Kompressen auf die Augen legen.

Diese Kompressen wirken gegen brennende Augen und Augenränder.

Kamillen-Halskompresse

Zutaten:

süßes Mandelöl (in der Apotheke erhältlich)

1 Tasse starker Kamillentee

Zubereitung und Anwendung:

Den Hals mit reichlich Öl bestreichen.

Ein Gästehandtuch in den Tee tauchen und um den Hals wickeln. Die Kompresse 1/2 Stunde lang einwirken lassen.

Die Kompresse wirkt gegen Halsfalten.

Kamillen-Handpflege

Zutaten:

1 Handvoll Kamillenblüten

1/4 l kochendes Wasser

Zubereitung und Anwendung:
Die Kamillenblüten mit dem Wasser übergießen, 5 Minuten ziehen lassen und abseihen.
Den Aufguß dem Handbad zusetzen und die Hände ausgiebig darin baden.
Rissige, aufgesprungene Hände werden bei der regelmäßigen Anwendung dieses Handbades wieder zart und glatt.

Kamillen-Badezusatz
Zutaten:
2 Handvoll Kamillenblüten
1/2 l kochendes Wasser
Zubereitung und Anwendung:
Die Kamillenblüten mit dem Wasser übergießen, zugedeckt 1/2 Stunde ziehen lassen, dann abseihen. Den Aufguß dem Badewasser zusetzen.
Dieser Badezusatz entspannt nicht nur, sondern pflegt jede Haut zart und glatt.

Klette

Klettenwurzeln enthalten ätherische Öle, Gerb- und Schleimstoffe sowie Inulin.

Hildegards Rezepte:
Hildegard von Bingen schreibt in ihrer *Physica* zwar, daß die Klettenwurzeln „zu nichts nütze" seien. Dabei ist Klettenwurzelöl seit langem als bewährtes Haarpflegemittel bekannt. Zur äußeren Anwendung gegen unreine Kopfhaut gibt Hildegard ein Rezept an, das allerdings nicht unbedingt zur Nachahmung einlädt:

> „Pulverisiere die Blüten der Klette und auch eine Schnecke, nach Wegwerfen der Schale. Mische dieses Pulver so, daß mehr Schnecken- als Klettenpulver darin enthalten ist. Wenn jemand den Grind auf dem Kopf hat, dann streue dieses Pulver auf die Geschwüre während neun oder fünfzehn

Tagen. Am vierten und am fünften Tage wasche er seinen Kopf mit einer aus Buchenasche hergestellten Lauge, und er wird geheilt werden.“ (*Physica*)

Weitere Rezepte:

Klettenwurzel-Haarpackung

Zutaten:
2 Handvoll Klettenwurzeln
1/2 l Olivenöl (aus dem Reformhaus oder dem Naturkostladen)
Zubereitung und Anwendung:
Die Klettenwurzeln mit dem Olivenöl übergießen und in einem gut verschlossenen Glas 3 Wochen lang an einem sonnigen Platz ziehen lassen.
Dabei öfter schütteln.
Abseihen und in eine Flasche füllen.
Für die Haarpackung etwas Klettenöl erwärmen und in das trockene Haar einmassieren.
Eine Duschhaube aufsetzen und ein Handtuch darüberwickeln.
Nach 1 Stunde Einwirkungszeit das Haar wie gewohnt waschen.
Durch diese Haarpackung wird das Haar weich, locker und gut frisierbar.
Sie können Klettenwurzelöl auch fertig in der Apotheke oder Drogerie kaufen.

Klettenwurzel-Haarspitzenpflege

Massieren Sie in die Haarspitzen nach jeder Wäsche etwas Klettenwurzelöl ein.
Diese Pflege ist besonders wichtig bei dauergewelltem oder gefärbtem Haar.

Klettenwurzel-Gesichtskompresse

Zutaten:
1 frische Klettenpflanze (Wurzeln und Blätter)
1/4 l Wasser
Zubereitung und Anwendung:
Die Klettenpflanze reinigen und zerkleinern.

In dem Wasser 10 Minuten kochen lassen, dann abseihen.
In den Sud ein Gästehandtuch tauchen, auswringen und dieses so heiß wie möglich auf das gereinigte Gesicht legen.
Diese Kompresse ist sehr wirksam gegen Pickel und unreine Haut.

Schachtelhalm

Der Schachtelhalm ist vor allem durch seinen hohen Gehalt an Kieselsäure für die Schönheitspflege interessant. Nähere Angaben zum Schachtelhalm finden Sie in der *Pflanzen- und Kräuterkunde.*

Hildegards Rezepte:
In ihrer *Physica* schreibt Hildegard von Bingen über den Schachtelhalm, er habe „weder vollkommene Wärme noch vollkommene Kälte in sich". Sie empfiehlt ihn lediglich zum Vertreiben von Fliegen.

Weitere Rezepte:
Schachtelhalm-Gesichtsdampfbad
Zutaten:
1 Handvoll Schachtelhalm
2 l kochendes Wasser
Zubereitung und Anwendung:
Den Schachtelhalm mit dem Wasser übergießen und Kopf und Schüssel mit einem großen Handtuch bedecken.
Dieses Dampfbad empfiehlt sich besonders bei unreiner und großporiger Haut.
Schachtelhalm-Gesichtswaschung
Zutaten:
1 Handvoll Schachtelhalm
1 Handvoll Rosenblütenblätter
1/2 l kochendes Wasser

Zubereitung und Anwendung:
Die Kräuter mit dem kochenden Wasser übergießen, 1/2 Stunde ziehen lassen, dann durch Kaffeefilterpapier abseihen.
Dabei die Pflanzenrückstände gut auspressen.
Regelmäßige Waschungen mit dieser Flüssigkeit sind eine wirksame Behandlung gegen Pickel.

Schachtelhalm-Haarspülung
Zutaten:
1 EL Schachtelhalm
1 Tasse kochendes Wasser
Zubereitung und Anwendung:
Den Schachtelhalm mit dem Wasser übergießen, nach dem Abkühlen durch Kaffeefilterpapier abseihen.
Als letzte Spülung nach dem Haarewaschen verwenden und gut in die Kopfhaut einmassieren.
Diese Haarspülung wirkt gegen Schuppen und fettige Kopfhaut.
Wichtig: Diese Spülung ist *nicht* für blondes Haar geeignet, da es zu unliebsamen Verfärbungen kommen kann.

Schafgarbe

Die Blüten der Schafgarbe enthalten neben anderen wertvollen Stoffen ätherische Öle und das „Schönheitsvitamin" A. Nähere Angaben zur Schafgarbe finden Sie in der *Kräuter- und Pflanzenkunde.*

Hildegards Rezepte:
Hildegard von Bingen empfiehlt in ihrer *Physica* die Schafgarbe zur Fieberbehandlung. Vor allem aber betont sie ihre heilsamen Eigenschaften bei der äußeren Anwendung, denn „sie hat gesonderte und feine Kräfte für Wunden". So gibt sie nicht nur ein Rezept zur Wundbehandlung an (dieses finden Sie im Band *Gesundheitsfibel*), sondern auch zur Augenpflege:

> „Ein Mensch, dessen Augen durch Tränenfluß verdunkelt sind, der zerstoße etwas Schafgarbe und lege diese abends

auf die Augen, indem er achtgibt, daß sie die Augen innen nicht berührt. So lasse er sie bis etwa Mitternacht, dann nehme er sie weg. Wenn er das gemacht hat, umstreiche er die Augen mit etwas bestem und reinstem Wein, und so werden die Augen geheilt." (*Physica*)

Weitere Rezepte:

Schafgarben-Gesichtskompresse

Zutaten:
1 Handvoll Schafgarbe
1/4 l kochendes Wasser

Zubereitung und Anwendung:
Die Schafgarbe mit dem kochenden Wasser übergießen, 1/4 Stunde ziehen lassen und durch Kaffeefilterpapier abseihen.
In den Aufguß ein Gästehandtuch tauchen, auswringen und auf das gereinigte Gesicht legen.
Auch die Schafgarbenkompresse ist besonders wirksam gegen fettige und unreine Haut.

Schafgarben-Gesichtspackung

Zutaten:
2 Handvoll frische Schafgarbenblätter
etwas Wasser

Zubereitung und Anwendung:
Die Blätter reinigen und kleinschneiden, dann mit dem Wasser etwa 10 Minuten kochen, so daß ein Brei entsteht.
Diesen in ein Mulltuch geben und auf das gereinigte Gesicht legen.
1/4 Stunde lang einwirken lassen, dann das Gesicht lauwarm abspülen.
Diese Packung sollte zweimal wöchentlich angewandt werden.
Eine Gesichtspackung mit Schafgarbenblättern wirkt nicht nur gegen Pickel, sondern mildert auch Gesichtsfalten.

Schafgarben-Badezusatz

Zutaten:

2 Handvoll Schafgarbe

1 alter Perlonstrumpf

Zubereitung und Anwendung:

Die Kräuter in den Perlonstrumpf geben und das Badewasser darüber einlaufen lassen.

Bei regelmäßiger Anwendung wird durch diesen Badezusatz ältere Haut gestrafft, und auch Hautentzündungen werden gelindert.

Schafgarben-Handbad

Zutaten:

1 Handvoll Schafgarbe

1/4 l kochendes Wasser

Zubereitung und Anwendung:

Die Schafgarbe mit dem Wasser übergießen, 10 Minuten ziehen lassen, dann abseihen.

In der Flüssigkeit ausgiebig die Hände baden.

Bei regelmäßiger Anwendung werden aufgesprungene, rissige Hände wieder zart und glatt.

Schafgarben-Fußbad

Zutaten:

2 Handvoll Schafgarbe

3 l kochendes Wasser

Zubereitung und Anwendung:

Die Schafgarbe mit dem Wasser übergießen, 5 Minuten ziehen lassen, dann abseihen.

In dem Aufguß ein ausgiebiges Fußbad nehmen.

Ein Schafgarbenfußbad ist besonders gut dazu geeignet, Hühneraugen und Schwielen aufzuweichen.

Schlüsselblume

Die Schlüsselblume enthält neben ätherischen Ölen und Saponinen auch Vitamin C. Näheres über die Schlüsselblume erfahren Sie im Band *Kräuter- und Pflanzenkunde*.

Hildegards Rezepte:
Hildegard von Bingen schreibt in ihrer *Physica* über die Schlüsselblume, daß diese ihre Kräfte hauptsächlich von der Sonne empfange. Sie empfiehlt diese Pflanze vor allem zur Behandlung von Depressionen. Entsprechende Rezepte finden Sie in der *Gesundheitsfibel*.

Weitere Rezepte:
Schlüsselblumen-Gesichtskompresse
Zutaten:
1 Handvoll Schlüsselblumenblüten
1/4 l kochendes Wasser
Zubereitung und Anwendung:
Die Blüten mit dem Wasser übergießen und nach dem Abkühlen durch Kaffeefilterpapier abseihen.
In den Aufguß ein Gästehandtuch tauchen, auswringen und auf das gereinigte Gesicht legen.
Diese Kompresse wirkt gegen unreine Haut.

Schlüsselblumen-Badezusatz
Zutaten:
3 Handvoll Schlüsselblumenblüten
1 alter Perlonstrumpf
Zubereitung und Anwendung:
Die Blüten in den Strumpf geben und das Badewasser darüber einlaufen lassen.
Die Blüten gut ausdrücken.
Dieser Badezusatz ist sehr gut geeignet zur Pflege der unreinen Körperhaut.

Schöllkraut

Das Schöllkraut gehört zu den Mohngewächsen. Es enthält ätherische Öle, die es für die Schönheitspflege besonders geeignet machen.

Hildegards Rezepte:

> „Es ist seiner Natur nach sehr warm und enthält einen giftigen und schleimigen Saft. Es hat ein so schwarzes und herbes Gift in sich, daß es dem Menschen keine Gesundheit verleihen kann.“ (*Physica*)

Deshalb sollte man das Schöllkraut auch nicht innerlich anwenden.

Schöllkraut gegen unreine Haut

Zur äußeren Anwendung allerdings empfiehlt Hildegard das Schöllkraut vor allem gegen unreine Haut:

> „Wer etwas Unreines ißt oder trinkt oder berührt, wovon er geschwürig am Körper wird, der nehme altes Fett und gebe ihm genug Saft von Schöllkraut bei und zerstoße es damit. Dann zerlasse er es und salbe sich mit dem Talg, und er wird geheilt werden.“ (*Physica*)

Weitere Rezepte:

Schöllkraut-Gesichtskompresse

Zutaten:
1 Handvoll Schöllkraut
1/4 l kochendes Wasser
Zubereitung und Anwendung:
Das Schöllkraut mit dem kochenden Wasser übergießen, 5 Minuten ziehen lassen und durch Kaffeefilterpapier abseihen.
In den Aufguß ein Gästehandtuch tauchen, auswringen und auf das gereinigte Gesicht legen.
Diese Kompresse ist sehr wirksam gegen fettige und unreine Haut.

Schöllkraut-Haarspülung
Zutaten:
1 Handvoll Schöllkraut
1/4 l kochendes Wasser
Zubereitung und Anwendung:
Das Schöllkraut mit dem Wasser übergießen.
Nach dem Abkühlen durch Kaffeefilterpapier abseihen und die Flüssigkeit als letzte Spülung nach dem Haarewaschen verwenden.
Diese Spülung wirkt besonders gut gegen Schuppen und fettiges Haar.
Wichtig: Nicht für blondes Haar verwenden, da es zu unliebsamen Verfärbungen kommen kann!

Spitzwegerich

Spitzwegerich ist reich an Vitamin A, Gerbstoffen, Schleimstoffen und Enzymen. Weitere Angaben über den Wegerich finden Sie in der *Pflanzen- und Kräuterkunde.*

Hildegards Rezepte:
Hildegard von Bingen beschreibt in ihrer *Physica* den Wegerich als von Natur aus warm und trocken. Sie empfiehlt ihn zur Behandlung der Gicht, gegen Insektenstiche und auch zur Unterstützung des Heilungsprozesses nach Knochenbrüchen. Entsprechende Rezepte finden Sie im Band *Gesundheitsfibel.*

Spitzwegerich-Gesichtskompresse
Zutaten:
1 Handvoll Spitzwegerichblätter
1/4 l kochendes Wasser
Zubereitung und Anwendung:
Die Spitzwegerichblätter mit dem Wasser übergießen, nach dem Abkühlen abseihen.

In den Aufguß ein Gästehandtuch tauchen, auswringen und auf das gereinigte Gesicht legen.
Diese Kompresse ist sehr gut geeignet zur Behandlung großporiger, fettiger und unreiner Haut.

Tausendgüldenkraut

Das Tausendgüldenkraut gehört zu den Enziangewächsen. Es enthält Bitterstoffe, Schleimstoffe und ätherische Öle.

Hildegards Rezepte:
Hildegard von Bingen schreibt in ihrer *Physica*, daß das Tausendgüldenkraut von Natur aus warm und trocken sei. Sie empfiehlt es vor allem zur Behandlung der Gicht. Entsprechende Rezepte finden Sie im Band *Gesundheitsfibel.*

Tausendgüldenkraut-Gesichtskompresse
Zutaten:
1 Handvoll Tausendgüldenkraut
1/4 l kochendes Wasser
Zubereitung und Anwendung:
Das Tausendgüldenkraut mit dem kochenden Wasser übergießen.
Nach dem Abkühlen durch Kaffeefilterpapier abseihen.
In die Flüssigkeit ein Gästehandtuch tauchen, auswringen und auf das gereinigte Gesicht legen.
Diese Kompresse wirkt klärend und reinigend bei unreiner Haut.

Weißdorn

Der Weißdorn gehört zu den Rosengewächsen. Er enthält Saponine, Gerbstoffe und ätherische Öle. Diese Inhaltsstoffe machen ihn besonders gut geeignet für die Schönheitspflege.

Hildegards Rezepte:
Es ist nicht ganz klar, ob Hildegard von Bingen sich in ihrer *Physica* im Kapitel über den „Agenbaum" auf den Weißdorn bezieht. Ihr Text lautet sehr lapidar, daß dieses Gewächs zu nichts nütze sei – was aber durch jahrtausendealte Erfahrungen widerlegt ist.

> „Der Weißdorn hat weder die rechte Wärme noch die rechte Kälte, wie das Unkraut, so daß weder sein Saft noch seine Frucht zu Heilmitteln und zu anderem Gebrauch des Menschen dienen." (*Physica*)

Weitere Rezepte:

Weißdorn-Gesichtsdampfbad

Zutaten:
1 Handvoll Weißdornblüten
2 l kochendes Wasser
Zubereitung und Anwendung:
Die Weißdornblüten mit dem Wasser übergießen.
Schüssel und Kopf mit einem großen Handtuch bedecken, so daß nichts von den pflegenden Dämpfen verlorengeht.
Dieses Gesichtsdampfbad ist besonders gut geeignet zur Pflege der trockenen und empfindlichen Haut.

Weißdorn-Gesichtslotion

Zutaten:
2 Handvoll Weißdornblüten
ca. 1/4 l kochendes Wasser
1 EL Honig

Zubereitung und Anwendung:
Die Weißdornblüten mit dem Wasser übergießen, eine Viertelstunde lang zugedeckt ziehen lassen.
Dann durch Kaffeefilterpapier abseihen und in dem Aufguß den Honig auflösen.
Die Lotion in eine Flasche abfüllen und täglich sanft das Gesicht damit einreiben.

Weißdorn-Haarwasser

Zutaten:
1 Handvoll Weißdornblüten
1/4 l Obstessig
Zubereitung und Anwendung:
Die Weißdornblüten mit dem Obstessig übergießen und in einem gut verschlossenen Glas 3 Tage lang ziehen lassen.
Durch Kaffeefilterpapier abseihen und die Pflanzenrückstände gut auspressen.
In eine Flasche abfüllen und regelmäßig in die Kopfhaut einreiben.
Weißdornblütenessig normalisiert die Funktion der Kopfhaut und ist deshalb gleichermaßen für trockenes wie für fettiges Haar geeignet.

Schönheitspflege aus der Küche

Viele der wichtigsten Schönheitsmittel kommen seit Jahrtausenden aus der Küche – nicht für die innere, sondern auch für die äußere Schönheitspflege. So wurden schon in Ägypten, im antiken Griechenland und in Rom Milch, Eier und Salz für die Schönheitspflege verwendet.

Bienenhonig

Honig ist ein Schönheitsmittel, dessen umfassende Wirkung schon seit Jahrtausenden bekannt ist. Sein Gehalt an Enzymen und organischen Säuren macht ihn besonders geeignet auch zur äußeren Anwendung.
Wichtig: Bei der Auflösung von Honig sollten Sie beachten, daß man ihn nur in warmen, aber niemals in kochend heißen Flüssigkeiten lösen sollte.

Hildegards Rezepte:
Hildegard von Bingen schreibt über den Honig, daß er seiner Natur nach warm sei. Es ist erstaunlich, daß sie den Honig, der zu ihrer Zeit ja nicht nur das wichtigste Süßungsmittel, sondern auch ein vielverwendetes Medikament war, durchaus nicht empfehlen kann:

> „Ein Mensch, der fett ist und fettes Fleisch hat und der oft Honig ißt, bereitet Fäulnis in sich. Wer aber mager und trocken ist und ihn kocht, wird von ihm geschädigt. Wenn aber jemand die Honigwabe mit dem Wachs ißt, dann erregt er die Melancholie in sich, und das schadet ihm und bereitet Schwere in ihm und läßt die Melancholie in ihm zunehmen." (*Physica*)

Weitere Rezepte:

Bienenhonig-Gesichtspackung 1

Zutaten:
1 TL Honig
1 TL Nährcreme
1 Spritzer Zitronensaft

Zubereitung und Anwendung:
Alles miteinander verrühren, auf das gereinigte Gesicht auftragen und nach 1/2 Stunde Einwirkzeit lauwarm abwaschen.
Diese Gesichtspackung wirkt pflegend für jeden Hauttyp.

Bienenhonig-Gesichtspackung 2

Zutaten:
2 EL Honig
1 EL Quark

Zubereitung und Anwendung:
Den Honig im Wasserbad erwärmen und den Quark darunterrühren.
Auf das gereinigte Gesicht auftragen, 1/2 Stunde einwirken lassen, dann warm abwaschen.
Diese Pflegepackung ist besonders gut geeignet für trockene Gesichtshaut.

Bienenhonig-Gesichtsmaske 1

Zutaten:
2 EL Honig
2 EL warme Milch

Zubereitung und Anwendung:
Milch und Honig gut miteinander vermischen, dann mit einem Pinsel auf das gereinigte Gesicht auftragen.
1/2 Stunde einwirken lassen, dann warm abwaschen.
Diese Gesichtsmaske ist durchblutungsfördernd und deshalb besonders geeignet für die fettige, unreine Haut.

Bienenhonig-Gesichtsmaske 2

Zutaten:
2 EL Honig

2 EL Weizenkleie
Saft einer halben Zitrone
Zubereitung und Anwendung:
Den Honig im Wasserbad erwärmen, dann die Weizenkleie und den abgefilterten Zitronensaft darunterrühren.
Auf das gereinigte Gesicht auftragen, 1/2 Stunde einwirken lassen.
Warm abwaschen und kalt nachspülen.
Diese Maske wirkt gleichermaßen reinigend und nährend.

Bienenhonig-Gesichtswasser

Zutaten:
1 EL Honig
1 Tasse destilliertes Wasser (in der Apotheke erhältlich)
1 Spritzer Zitronensaft
Zubereitung und Anwendung:
Den Honig im Wasserbad auflösen.
Das destillierte Wasser leicht erwärmen und darunterrühren und etwas Zitronensaft dazugeben.
In eine Flasche abfüllen und vor Gebrauch schütteln.
Das Gesichtswasser wirkt klärend und erfrischend für jeden Hauttyp.

Bienenhonig-Haarfestiger

Zutaten:
1 TL Honig (bei kurzem Haar etwas weniger, bei langem Haar etwas mehr)
1/4 l warmes Wasser
1 Spritzer Obstessig
Zubereitung und Anwendung:
Den Honig im warmen Wasser vollständig auflösen, dann den Obstessig dazugeben.
Nach dem Waschen und Spülen in Haar und Kopfhaut einmassieren.
Dieser Haarfestiger ist wirksam und dabei sehr schonend. Er macht das Haar auch durchaus nicht klebrig, sondern glänzend und füllig. Er ist für jedes Haar geeignet.

Bienenhonig-Haarwasser
Zutaten:
1/2 l kochendes Wasser
1 TL Glyzerin (in der Apotheke erhältlich)
2 EL Honig
Zubereitung und Anwendung:
Das Wasser auf gut handwarme Temperatur abkühlen lassen, dann mit dem Glyzerin und dem Honig gut vermischen.
In eine Flasche abfüllen.
Die Kopfhaut regelmäßig mit dieser Flüssigkeit massieren.
Das Haarwasser ist besonders gut geeignet zur Behandlung von fliegendem, glanzlosem Haar.

Bienenhonig-Ellenbogenpflege
Zutaten:
2 EL Honig
1 EL Zitronensaft
Zubereitung und Anwendung:
Den Honig im Wasserbad erwärmen, den Zitronensaft darunterrühren und die Ellenbogen mit dieser Mischung einpinseln.
Nach 1/2 Stunde warm abwaschen und die Ellenbogen mit Nährcreme massieren.
Diese Pflege macht rauhe Ellenbogen wieder zart und glatt.
Durch die bleichende Wirkung des Zitronensaftes ist sie auch besonders gut zur Behandlung roter Ellenbogen geeignet.

Bier

Das Bier ist für die Haarpflege ein wahres Wunderelixier, das es glänzend, locker und leicht frisierbar macht und gleichzeitig als ausgezeichneter Haarfestiger wirkt. Sie brauchen sich übrigens um einen eventuellen Biergeruch keine Sorgen zu machen – dieser verfliegt innerhalb weniger Minuten.

Hildegards Rezepte:

Hildegard von Bingen schreibt in ihrem Werk *Causae et Curae*, daß Bier dem Menschen als Getränk nützlicher sei als Wasser. Außerdem sagt sie:

> „Das Bier macht das Fleisch des Menschen kräftig und gibt dem Gesicht aufgrund der Kraft und des guten Saftes des Getreides eine schöne Farbe." (*Causae et Curae*)

Auf jeden Fall wirkt ein gelegentliches Glas Bier, am Abend getrunken, aufgrund seines Hopfengehaltes beruhigend und sorgt so für den notwendigen „Schönheitsschlaf".

Weitere Rezepte:

Bier-Haarfestiger

Zutaten:

1 Glas Bier

Zubereitung und Anwendung:

Einfach nach dem Waschen das Bier über das ganze Haar verteilen und nicht wieder ausspülen.

Dieser Haarfestiger ist nicht nur äußerst wirksam – er klebt auch nicht und wirkt überdies sehr pflegend für jeden Haartyp.

Bier-Haarpackung

Zutaten:

1 EL Ei (Eigelb und Eiweiß)

2 EL Bier

Zubereitung und Anwendung:

Ei und Bier verrühren, auf das nasse Haar auftragen und 1/4 Stunde einwirken lassen.

Dann das Haar wie gewohnt waschen und spülen.

Diese Haarpackung wirkt bei regelmäßiger Anwendung gegen dünnes, brüchiges Haar.

Butter

Auch die Butter kann als Schönheitsmittel verwendet werden – nicht nur innerlich, sondern auch äußerlich. Butter enthält neben dem „Schönheitsvitamin“ A Stearin, Palmitin und Olein. Weitere Angaben über die Butter finden Sie in der *Ernährungslehre.*

Hildegards Rezepte:
Hildegard von Bingen empfiehlt in ihrer *Physica* vor allem Kuhbutter, die sie der Schaf- und Ziegenbutter vorzieht. Für gesunde Menschen ist ihrer Meinung nach die Butter gut zu essen. Für Kranke kann sie als Heilmittel wirken:

> „Ein Mensch, der dämpfig ist oder hustet, oder der am Körper dürr ist, der esse Butter, und sie heilt ihn innerlich und erquickt ihn.“ (*Physica*)

Weitere Rezepte:

Butter-Pflegecreme

Zutaten:
1 TL handwarme Butter
1 TL Nährcreme
1 Spritzer Zitronensaft
Zubereitung und Anwendung:
Die Butter verrühren, die Nährcreme und den Zitronensaft dazugeben.
Da Butter ein idealer Feuchtigkeitsspender ist, ist diese Creme besonders gut zur Pflege trockener und spröder Haut geeignet. Man kann sie außerdem zur Pflege rissiger, gesprungener Hände verwenden.
Die „Buttercreme“ bleibt im Kühlschrank 2 bis 3 Tage lang frisch.

Butter-Lippenpflege

Rissige, gesprungene Lippen werden schnell wieder zart, wenn man zwischendurch immer einmal wieder etwas Butter über die Lippen streicht.

Eier

Eier sind in der Schönheitspflege sehr vielseitig verwendbar. Sie enthalten u.a. die Vitamine A, D und H.

Hildegards Rezepte:

Hildegard rät vom Verzehr anderer Eier als Hühnereier ab.

> „Alle Eier sind ihrer Natur nach mehr kalt als warm. Alle Eier jener Vögel, die immer im Flug sind und kräftig fliegen können, sind zum Essen schädlich, weil sie zäh und schleimig sind und fast wie Gift. Der Mensch soll sie nicht essen, denn wenn er dies täte, würden Skrofeln und der schlimme Wurm, der den Menschen zernagt, leicht in ihm wachsen." (*Physica*)

Nähere Angaben über die Verwendung von Eiern in der Küche finden Sie in den Bänden *Ernährungslehre* und *Küche aus der Natur.*

Weitere Rezepte:

Eier-Haarwäsche

Zutaten:

2 Eigelbe

Zubereitung und Anwendung:

Wenn man statt eines Shampoos ab und zu zwei verquirlte Eigelbe verwendet, dient dies zur Gesunderhaltung jedes Haartyps.

Die Haare werden mit dem Eigelb wie mit Shampoo massiert.

Bei fettigem Haar geben Sie einen Schuß Rum oder Weinbrand in die Masse.

Das Eishampoo unter einem Handtuch eine Viertelstunde lang einwirken lassen. Dann das Haar gut ausspülen und ins letzte Spülwasser einen Schuß Obstessig geben.

Eier-Haarpackung 1

Zutaten:

1-2 Eigelbe (je nach Länge des Haares)

1 EL Rizinusöl (in der Apotheke erhältlich)
Zubereitung und Anwendung:
Das Eigelb mit dem Rizinusöl verrühren.
Diese Masse ins nasse Haar einmassieren, eine Duschhaube darübersetzen und mit einem Handtuch umwickeln.
1 Stunde lang einwirken lassen, dann wie gewohnt waschen.
Diese Haarpackung macht jedes Haar weich, glänzend und gut frisierbar.

Eier-Haarpackung 2

Zutaten:
1 EL Ei (Eiweiß und Eigelb)
2 EL Bier
Zubereitung und Anwendung:
Das Ei mit dem Bier gut verrühren.
Diese Masse gut in die Kopfhaut und das nasse Haar einmassieren.
1/4 Stunde einwirken lassen, dann wie gewohnt waschen.
Auch diese Haarpackung ist für jedes Haar geeignet.

Eier-Gesichtsmaske

Zutaten:
1 Eigelb
etwas süßes Mandelöl (in der Apotheke erhältlich)
1 Spritzer Zitronensaft
Zubereitung und Anwendung:
Die Zutaten miteinander verrühren und mit einem Pinsel auf das gereinigte Gesicht auftragen.
1/4 Stunde einwirken lassen, dann warm abwaschen.
Diese Maske ist besonders gut geeignet zur Pflege der trockenen, müden Haut.

Eier-Halspackung

Zutaten:
1 Eigelb
1 EL Olivenöl
Saft einer halben Zitrone

Zubereitung und Anwendung:
Eigelb und Olivenöl miteinander verrühren.
Dann tropfenweise den Zitronensaft dazurühren.
Die Mischung auf den gereinigten Hals auftragen und nach 1/2 Stunde Einwirkungszeit lauwarm abwaschen.
Anschließend eine in kaltes Wasser getauchte elastische Binde um den Hals wickeln.
Nach 1 Stunde abnehmen und den Hals sanft mit Nährcreme massieren.
Diese Packung wirkt gegen Halsfalten und sollte bei starker Faltenbildung alle zwei Tage wiederholt werden.

Essig

Sehr vielseitig verwendbar in der Schönheitspflege ist der Obstessig. Aber auch ganz gewöhnlicher Haushaltsessig kann als „Schönheitsessenz" verwendet werden.

Hildegards Rezepte:
Hildegard von Bingen schreibt über den Weinessig, daß man ihn in Maßen verwenden solle, um Speisen schmackhafter zu machen:

> „Der Essig kommt vom Wein und taugt zu allen Speisen, wenn er ihnen auf solche Art beigegeben wird, daß er ihnen den Geschmack nicht wegnimmt." (*Physica*)

Zur Behandlung unreiner, geschwüriger Haut empfiehlt sie Essig auch äußerlich – und zwar die „Essigmutter", die für den Ansatz von Essig verwendet wird:

> „Wenn ein Mensch aufgebrochene Skrofeln an seinem Körper hat, nehme er Essigmutter, die im Essig liegt, presse sie, wie wenn Käse gepreßt wird, lasse sie trocknen und mache sie zu Pulver. Dies streue er auf die Skrofeln, und sie werden getrocknet und geheilt werden. – Wenn aber die Skrofeln nicht aufgebrochen sind, dann streiche er Essigmutter

mit ihrem Saft darüber und lege sie auch auf und binde ein Tuch darüber. Dann werden sie verschwinden.“ (*Physica*)

Weitere Rezepte:

Essig-Haarspülung

Zutaten:

Geben Sie ins letzte Spülwasser einen Schuß Obst- oder Haushaltsessig.

Diese Spülung macht jedes Haar seidig und glänzend.

Essig-Schuppenbehandlung

Zutaten:

1/2 Tasse Obstessig

1/2 Tasse Wasser

Zubereitung und Anwendung:

Die beiden Flüssigkeiten miteinander mischen.

Das Haar in Scheitel teilen und die Kopfhaut mit einem Wattebausch oder Pinsel betupfen.

Bei regelmäßiger Anwendung ist diese Behandlung sehr wirksam gegen Schuppen – sowohl bei trockener als auch bei fettiger Kopfhaut.

Essig-Badezusatz

Zutaten: 1/4 l Obstessig

Zubereitung und Anwendung: Geben Sie den Essig ins Badewasser.

Ein solches Bad ist besonders wirksam zur Behandlung fettiger, unreiner Körperhaut.

Essig-Handbad

Zutaten:

3 EL Obstessig

1 l warmes Wasser

Zubereitung und Anwendung:

Den Obstessig in das Wasser geben und die Hände ausgiebig darin baden.

Bei regelmäßiger Anwendung helfen diese Handbäder gegen feuchte Hände, pflegen aber auch rissige und aufgesprungene Hände.

Essig-Fußbad

Zutaten:
1 Tasse Obstessig
1 Schüssel warmes Wasser

Zubereitung und Anwendung:
Den Obstessig in das Wasser geben und ein ausgiebiges Fußbad darin nehmen.
Bei regelmäßiger Anwendung wirken diese Bäder gegen Schweißfüße.
Sie sind aber auch eine Wohltat für müde, schmerzende Füße.

Essig-Deodorant

Zutaten:
1/2 l Obstessig
1 Handvoll getrocknete Lavendelblüten

Zubereitung und Anwendung:
Den Obstessig aufkochen lassen und die Lavendelblüten damit übergießen.
Nach dem Abkühlen durch Kaffeefilterpapier abseihen und die Flüssigkeit in eine Flasche – eventuell mit Sprühaufsatz – abfüllen.

Milch

Auch die Milch wird seit alters her – genau wie die aus ihr gewonnenen Produkte Buttermilch, Quark und Sahne – für die Schönheitspflege genutzt. Schließlich enthält sie das „Schönheitsvitamin" A, das die Haut zart und samtig macht.

Hildegards Rezepte:
Hildegard von Bingen schreibt in ihrer *Physica* über die Milch, daß sie im Winter heilsamer sei als im Sommer. Kranken Menschen empfiehlt sie vor allem abgekochte Milch, in die Bren-

nesseln eingelegt wurden. Nähere Angaben zur Verwendung der Milch in der Ernährung finden Sie in den Bänden *Ernährungslehre* und *Küche aus der Natur.*

Weitere Rezepte:

Milch-Gesichtswaschung

Zutaten:

etwas Milch oder Buttermilch

Zubereitung und Anwendung:

Empfindliche Haut ist dankbar, wenn man sie statt mit Wasser mit einem in Milch oder Buttermilch getauchten Wattebausch reinigt. Die Buttermilchbehandlung soll bei regelmäßiger Anwendung übrigens auch gegen Sommersprossen wirken.

Milch-Gesichtspackung

Zutaten:

1/2 Banane

2 EL Quark

2 EL Milch

Zubereitung und Anwendung:

Die Banane zerdrücken und mit dem Quark und der Milch verrühren.

Die Masse auf das gereinigte Gesicht auftragen und 1/4 Stunde einwirken lassen.

Mit viel lauwarmem Wasser abwaschen und mit etwas Milch nachspülen.

Diese Packung wirkt erfrischend und pflegend auf jede Haut.

Sahne-Gesichtspackung

Zutaten:

1 EL Sahne

2 EL Honig

etwas Mehl

Zubereitung und Anwendung:

Die Sahne mit dem Bienenhonig verrühren und so viel Mehl dazugeben, daß eine streichfähige Masse entsteht.

Diese auf das gereinigte Gesicht auftragen und 1/4 Stunde lang einwirken lassen.
Dann lauwarm abwaschen.
Diese Packung ist besonders gut geeignet zur Pflege der trockenen, empfindlichen Haut.

Buttermilch-Augenkompressen

Zutaten:
2 Wattebäusche
etwas Buttermilch

Zubereitung und Anwendung:
Die Wattebäusche in etwas Buttermilch tränken und auf die gereinigte Augenpartie legen.
10 Minuten einwirken lassen.
Diese Kompressen empfehlen sich besonders zur Behandlung von roten und ermüdeten Augen.

Quark-Augenkompressen

Zutaten:
2 EL Quark
2 Batisttücher

Zubereitung und Anwendung:
Je 1 EL Quark in die beiden kleinen Batisttücher geben und diese als Kompressen auf die gereinigte Augenpartie legen.
10 Minuten lang einwirken lassen.
Diese Kompressen sind sehr wirksam zur Behandlung von Augenringen und verquollenen Lidern.

Milch-Haarkur

Zutaten:
1 Tasse Milch
1 Baumwolltuch

Zubereitung und Anwendung:
Das Baumwolltuch in der Milch tränken und das Haar mit diesem gründlich massieren. Nach 1/4 Stunde lauwarm ausspülen.
Diese Haarkur wirkt pflegend für jeden Haartyp.

Milch-Badezusatz
Zutaten:
1 l Milch
1 Tasse Honig
Zubereitung und Anwendung:
Die Milch leicht erwärmen und den Honig darunterrühren.
Die Mischung dem Badewasser zusetzen.
Dieser Badezusatz ist besonders gut geeignet zur Pflege von trockener, schuppiger Körperhaut.

Buttermilch-Badezusatz
Zutaten:
3 l Buttermilch
Zubereitung und Anwendung:
Setzen Sie die Buttermilch dem Badewasser zu.
Dieses Bad ist erfrischend, pflegend und regenerierend.
Verstärkt wird die pflegende Wirkung noch, wenn Sie vor dem Bad den ganzen Körper mit reinem Olivenöl (im Reformhaus oder Naturkostladen erhältlich) einreiben.

Salz

Gewöhnliches Kochsalz ist ein äußerst wirksames Schönheitsmittel. Es enthält Mineralstoffe und wirkt durch seine kristalline Struktur als natürliches Körperpeeling.

Hildegards Rezepte:

> „Das Salz ist sehr warm und etwas feucht, und es ist zu mancherlei nützlich." (*Physica*)

Sie rät zur mäßigen Anwendung des Salzes als Speisewürze:

> „Wenn ein Mensch die Speisen ohne Salz ißt, macht ihn das innerlich lau. Aber wenn er sie mäßig gemischt mit Salz ißt, stärkt und heilt es ihn. Wer aber eine zu stark gesalzene Speise ißt, den macht es innerlich dürr und schadet ihm." (*Physica*)

Nähere Angaben über den Gebrauch von Salz in der Küche finden Sie im Band *Ernährungslehre.*

Weitere Rezepte:

Salz-Fußbad

Zutaten:

2 Handvoll Salz

1 Schüssel warmes Wasser

Zubereitung und Anwendung:

Das Salz in die Schüssel geben und mit dem warmen Wasser übergießen.

Die Füße ausgiebig darin baden.

Solche Fußbäder sind sehr wirksam zur Behandlung geschwollener Füße, die dadurch außerdem weich und glatt werden.

Salz-Schälkur (Peeling)

Zutaten:

6 EL Salz

etwas Milch

Zubereitung und Anwendung:

Das Salz mit der Milch verrühren, so daß ein dicker Brei entsteht.

Mit diesem wird der ganze Körper kräftig massiert.

Anschließend baden oder duschen.

Diese Schälkur macht die Haut seidenweich.

Badesalz

Zutaten:

500 g Salz

2 TL Parfümöl (in Naturkostläden, Apotheken und inzwischen auch in vielen Kaufhäusern erhältlich)

20 g 70prozentiger Alkohol (in der Apotheke erhältlich)

Zubereitung und Anwendung:

Das Parfümöl im Alkohol lösen und die Mischung portionsweise unter das Salz rühren.

1 Stunde lang unbedeckt stehenlassen, dann in ein verschließbares Glas abfüllen.
Für ein Vollbad benötigen Sie etwa 100 Gramm Badesalz.
Das Salz wirkt pflegend auf die Haut; durch den gewählten Duft können Sie das Bad auch aromatherapeutisch einsetzen: So wirkt Lavendel entspannend, Rosmarin erfrischend und Melisse beruhigend.

Wein

Auch der Wein kann zur Hautpflege verwendet werden. Er wirkt anregend und ist besonders geeignet zur Pflege fettiger und unreiner Haut.

Hildegards Rezepte:
Hildegard von Bingen schreibt über den Wein:

> „Der Wein ist das Blut der Erde und ist in der Erde wie das Blut im Menschen.“ (*Causae et Curae*)

Sie rät dazu, trockene Weine zu trinken und diese möglichst mit Wasser zu mischen.
Sie gibt folgendes Rezept gegen unreine Körperhaut und Geschwüre an:

Ölwein

> „Wenn jemand Geschwüre an seinem Körper hat ..., mische er reinen und guten Wein mit einem Drittel Olivenöl. Wenn das Geschwür ... schon am zweiten oder dritten Tag Fäulnis oder Schwärze zeigt oder wenn es groß ist, soll er den vorgenannten Ölwein etwas wärmen und ein leinenes Tuch eintauchen. Mit diesem Tuch pflege er das Geschwür, bis die Fäulnis abnimmt. Wenn das Geschwür ... klein ist, dann tauche er eine Feder in den Ölwein, der kalt und nicht gewärmt sein soll, und mit der Feder reinige er das Geschwür ... ein wenig.“ (*Physica*)

Schönheit kann man essen

SCHÖNHEITSPFLEGE darf nicht nur von außen kommen – sie muß vor allem von innen her angelegt werden, z. B. durch eine gesunde Lebensweise. Zu dieser gehört vor allem eine ausgewogene Ernährung.

Oft kann man ganz gezielt mit Lebensmitteln einem Schönheitsproblem entgegenwirken. Das soll in der folgenden kleinen Auflistung dargestellt werden. Über die einzelnen Früchte, Gemüse und anderen Lebensmittel finden Sie nähere Angaben und Rezepte in den Bänden *Ernährungslehre*, *Küche aus der Natur* und *Pflanzen- und Kräuterkunde*.

Verzichten sollten Sie möglichst auf die folgenden Nahrungsmittel:
- weiße Feinmehle (nehmen Sie statt dessen lieber naturbelassene Mehle aus dem Reformhaus oder dem Naturkostladen);
- Weißbrot, Brötchen, Feingebäck;
- weißen Zucker (verwenden Sie zum Süßen möglichst Honig oder braunen Zucker);
- Limonaden und kohlensäurehaltige Getränke;
- Süßigkeiten, Konfekt;
- Konserven (verwenden Sie statt dessen frische oder tiefgefrorene Ware);
- scharfe Gewürze.

Alle diese Nahrungsmittel schaden auf die Dauer nicht nur Ihrer Gesundheit – sie verschlechtern auch Ihre Haut. Es macht sicherlich nicht viel Mühe, den Küchenzettel auf gesündere Kost umzustellen – schließlich ist das die bequemste und billigste Art, schön zu bleiben.

Äpfel

In jeder Zubereitungsform – roh, als Gelee, Kompott, Mus oder Saft – sorgen die vitaminreichen Äpfel für eine reine Haut. Durch ihren Gehalt an Silizium wirken sie außerdem der Hauterschlaffung entgegen und kräftigen Haare und Fingernägel.

Birkenblätter

Aus Birkenblättern läßt sich ein wohlschmeckender Tee herstellen, der bei regelmäßigem Genuß (1 Monat lang 1 Tasse pro Tag trinken) gegen unreine Haut wirkt. Birkenblätter haben einen bitteren Geschmack – süßen Sie den Tee deshalb mit Honig, der ebenfalls der Schönheitspflege von innen dient.

Birnen

Birnen entschlacken und entwässern den Körper – sie sind deshalb besonders freundlich zu Ihrer Figur.

Bohnen

Bohnen enthalten die Vitamine B2 und B3. Sie verhelfen zu einer gesunden Verdauung und damit zu reiner Haut. Gleichzeitig sind sie wichtig für die Regeneration der Hautzellen.

Brennesseln

Brennesseltee ist ein ideales Mittel für eine frische, jugendliche Haut. Man kann frische und getrocknete Blätter dazu verwenden. Auch Hautunreinheiten werden durch diesen Tee häufig innerhalb kürzester Zeit beseitigt. Täglich 2 bis 3 Tassen davon trinken. Man kann die frischen oder getrockneten Blätter auch an Soßen und Salate geben. Aus jungen Brennesselblättern lassen sich schmackhafte Salate, Spinat und Suppen herstellen.

Brunnenkresse

Frischer Kressesaft (aus dem Entsafter oder fertig aus dem Reformhaus) wirkt gegen Haarausfall. Durch den Gehalt an Provitamin A (Karotin) macht Kresse die Haut zart und rein, während Vitamin C sie widerstandsfähiger macht und zur Regeneration der Zellen beiträgt. Tee aus getrockneten Kresseblättern ist hautklärend und eignet sich besonders für die innerliche Behandlung von Pickeln und Mitessern.

Butter

Butter macht durch ihren Gehalt an Vitamin A die Haut zart und rosig, fördert den gesunden Haarwuchs und wirkt Hautunreinheiten entgegen. Das in ihr enthaltene Vitamin D macht stumpfes, brüchiges Haar wieder gesund und glänzend und wirkt gegen Schuppen.

Eier

Besonders vitaminreich ist das Eigelb (das übrigens mehr Eiweiß enthält als das Weiße des Eis!). Es enthält Vitamin A – für zarte Haut und gesunden Haarwuchs; Vitamin D – gegen stumpfes, brüchiges Haar und Schuppen; Vitamin H – zur Belebung und Erfrischung der Haut.

Gurke

Grüne Gurken enthalten Silizium und Schwefel. Beide Inhaltsstoffe sind wichtig für den gesunden Haarwuchs und verhindern Haarausfall.

Haferflocken

Durch ihre wertvollen Inhaltsstoffe (Lezithin, Vitamine, Mineralstoffe) sind Haferflocken ein wahres Schönheitsessen. Sie sorgen für gesundes Haar, kräftige Fingernägel und frische, jugendliche Haut.

Hagebutten

Hagebuttenmark und Hagebuttentee wirken durch ihren hohen Gehalt an Vitamin C hautklärend und hautfestigend. Deshalb sind sie besonders bei unreiner Haut zu empfehlen.

Himbeeren

Durch ihren Gehalt an Vitamin A sorgen Himbeeren für eine zarte samtige Haut.

Holunderbeeren

Durch ihren hohen Gehalt an Vitamin C beugen Holunderbeeren nicht nur Erkältungskrankheiten vor, sondern sorgen auch für einen schönen, klaren Teint. Man kann sie als Marmelade oder Saft genießen.

Honig

Honig enthält Vitamine, Kalzium, Eisen sowie mehrere andere Wirkstoffe, die bis heute noch nicht vollständig erforscht sind, aber sowohl der Gesundheit wie auch der Schönheit dienen. Honig strafft, festigt und klärt die Haut, glättet den Teint und gibt ihm eine frische, jugendliche Farbe. Durch seinen Gehalt an Silizium wirkt Honig außerdem gegen Haarausfall und brüchige Fingernägel.

Huhn

Hühnerfleisch ist reich an Vitamin B6. Dieses ist zur Zellregeneration nötig. In der Hühnerleber ist vor allem das „Schönheitsvitamin" A enthalten. Es sorgt nicht nur für einen gesunden Haarwuchs, sondern macht auch die Haut zart und rein.

Joghurt

Joghurt ist durch seinen hohen Eiweißgehalt eine wahre Schönheitskost, die sich vorteilhaft auf Haut, Haar und Nägel auswirkt. Die im Joghurt enthaltenen darmreinigenden Bakterien sorgen für einen reinen Teint.

Kamille

Wenn Sie immer wieder einmal einige Wochen lang 1 bis 2 Tassen Kamillentee pro Tag trinken, wirkt dies gegen schlaffe und unreine Haut.

Karotten

Karotten sind reich an Vitamin A. Karottensaft und frische Karotten bewirken eine Festigung von Haut, Haar und Nägeln und sorgen für einen zarten, samtigen Teint. Karotten sind zur Verbesserung jeder Haut geeignet, vor allem aber für trockene und unreine Haut.

Kletten

Der Tee aus getrockneten Klettenblättern strafft welke und schlaffe Haut. 4 Wochen lang täglich 1 Tasse davon trinken.

Leber

Rinder- und Schweineleber enthält – wie auch Herz und Niere – reichlich Vitamin B. Dieses Vitamin ist gut für die Haut und kräftigt das Gewebe. Außerdem enthält Leber Vitamin A – gegen trockene Haut, brüchige Fingernägel, Akne; Vitamin F (ungesättigte Fettsäuren) gegen Haarausfall und stumpfes, glanzloses Haar; Vitamin H zur Erfrischung und Belebung der Haut.

Leinsamen

Leinsamenschrot ist ein ideales inneres Schönheitsmittel bei fettiger und unreiner Haut. Essen Sie täglich morgens und abends je einen Teelöffel davon – z. B. unter den Joghurt oder das Müsli gerührt.

Löwenzahn

Salat aus frischen und Tee aus getrockneten Löwenzahnblättern wirkt hautklärend und ist deshalb besonders geeignet zur inneren Behandlung der unreinen Haut.

Milch

Wer Milch gut vertragen kann, sollte täglich mindestens 1 Glas davon trinken. Milch enthält neben Proteinen auch wichtige Mineralstoffe, die sich vorteilhaft auf Haar und Nägel auswirken, und außerdem reichlich Vitamine: Vitamin A sorgt für gesunden Haarwuchs und reine Haut, Vitamin D wirkt besonders gegen stumpfes, brüchiges Haar und Schuppen, Vitamin F (ungesättigte Fettsäuren) belebt trockene Haut, beugt Haarausfall vor und macht brüchige Fingernägel wieder fest, Vitamin H wirkt gegen Schuppen, Pickel und Mitesser.

Petersilie

Petersilie wirkt hautklärend und macht einen frischen Teint. Verwenden Sie sie deshalb häufig als Küchenwürze.

Pfirsiche

Pfirsiche sind reich an den Vitaminen A und B. Sie straffen und klären die Haut und tragen zu einem wahren „Pfirsichteint" bei.

Rote Bete

Rote Beten enthalten die Vitamine A und B. Sie wirken gewebekräftigend, reinigen fettige, unreine Haut und wirken auch vorteilhaft auf den Haarwuchs.

Salat

Salat enthält in hohem Maße Vitamin A – das macht die Haut zart und rein – und Vitamin C – dieses trägt zur Zellerneuerung und zur Kräftigung des Gewebes bei.

Sauerkraut

Sauerkraut sollte – roh oder gekocht – in regelmäßigen Abständen auf jedem Speiseplan erscheinen. Es enthält neben Vitamin A – dem „Schönheitsvitamin", das jede Haut zart und rein macht – auch Vitamin B, das zur Zellgeneration beiträgt, außerdem Milchsäure zur Klärung unreiner Haut.

Spinat

Spinat ist reich an Vitamin A, schützt vor Haarausfall und macht außerdem brüchige Fingernägel wieder hart und kräftig. Auch auf die Haut hat Spinat einen überaus günstigen Einfluß.

Thymian

Als Tee getrunken (1 Monat lang täglich 1 Tasse) und so oft wie möglich als Gewürz angewandt, wirkt Thymian gegen fettige und unreine Haut.

Weizen

Weizenkeime enthalten den gesamten Vitamin-B-Komplex, wirken also gegen Haarausfall, frühzeitiges Ergrauen und brüchige Fingernägel. Diese Wirkung wird unterstützt durch den Siliziumgehalt der Weizenkeime. Sie können Weizenkeime nicht nur in Ihr Frühstücksmüsli rühren, sondern auch unter Salate und Gemüse mischen.

Weizenkeimöl enthält ebenfalls viele wichtige Vitamine, die für Gesundheit und Schönheit unerläßlich sind. Sie können Weizenkeimöl zum Anmachen von Salaten verwenden oder es in Kapseln (in der Apotheke erhältlich) zu sich nehmen.

Weizenkleie enthält das zur Zellerneuerung wichtige Vitamin B6. Weizenkleie – ins Müsli oder unter Salate gerührt – entschlackt und verjüngt die Haut.

Hildegard von Bingen – Kurzbiographie

1098 Hildegard wird als zehntes Kind einer in Bermersheim (bei Alzey) ansässigen Adelsfamilie geboren.

1106 Schon als Kind wird sie einer Klausnerin zur Erziehung übergeben. Bereits zu dieser Zeit hat sie ihre ersten Visionen.

1136 Hildegard, inzwischen Benediktiner-Nonne, wird Äbtissin.

1141 Sie beginnt unter dem Eindruck einer großen Vision mit der Niederschrift eines ihrer Hauptwerke, *Scivias* (Wisse die Wege), in dem sie eine eigene Anthropologie und Theologie entwickelt.

1150 Hildegard gründet das Kloster Rupertsberg bei Bingen.

1151 Sie beginnt die Abfassung der großen naturwissenschaftlichen Schrift *Physica* und der Heilkunde *Causae et curae*.

1158/1161 Während dieser Zeit ist Hildegard viel auf Reisen, um öffentlich zu predigen.

1179 Hildegard stirbt in dem von ihr gegründeten Kloster Rupertsberg.

Register